UNE

OCTAVE

PRÊCHÉE

A L'ÉGLISE DE NOTRE-DAME-DES-VICTOIRES

PARIS — TYP. SIMON RAÇON ET C.ᵉ, RUE D'ERFURTH, 1

UNE
OCTAVE

PRÊCHÉE

A L'ÉGLISE DE NOTRE-DAME-DES-VICTOIRES

SUIVIE D'UN

DISCOURS SUR LA PUISSANCE DE MARIE
POUR OPÉRER LA RÉGÉNÉRATION RELIGIEUSE DE LA FRANCE

PAR

Mᵍʳ DE MARION BRÉSILLAC

évêque de Pruse (*in partibus infidelium*)

PARIS

JACQUES LECOFFRE ET Cⁱᵉ, LIBRAIRES,
RUE DU VIEUX-COLOMBIER, 29

—

1855

A MARIE

CONÇUE SANS PÉCHÉ

Mère bien-aimée, ô immaculée Vierge Marie!
recevez l'hommage de ces neuf petits discours
que j'adressai à la foule nombreuse et recueil-
lie de vos fidèles dévots, dans le sanctuaire
pieux qui vous est consacré sous le vocable de
votre cœur immaculé.

On m'a dit, ô ma bonne mère ! qu'ils ont
contribué à faire éclore quelques actes d'amour
de Dieu dans l'âme de ceux qui les ont enten-
dus; et, si vous daignez bénir la résolution,
peut-être téméraire, que je prends de les livrer
au public, j'espère qu'ils contribueront aussi à
faire naître, dans le cœur de mes frères, des

sentiments de respect et d'amour pour la sainte religion de votre Fils.

Pendant que je les prononçais, ô Marie! plus favorisés que moi, de nombreux Évêques entouraient le successeur de Pierre, qui devait proclamer le dogme de votre Immaculée Conception. Combien j'aurais été heureux de mêler ma voix à celle des vénérés collègues qui acclamèrent cette vérité de Foi, et d'en entendre l'irrévocable définition de la bouche même du Pontife suprême! Vous savez, ô Marie! quels obstacles m'empêchèrent d'assister à ce spectacle digne du séjour des Anges, et bien fait pour enflammer les cœurs de votre amour.

Vous me dédommageâtes cependant un peu, ô ma bonne Mère! en me permettant de concourir à la solennité de votre fête, dans cette église vénérée où tant de cœurs vous bénissent et vous implorent avec confiance.

Recevez-en mes actions de grâces, ô Marie! et veuillez agréer l'offrande de ces discours comme un hommage à la glorieuse prérogative qui vous plaça, dès le premier instant de votre existence, au-dessus de tous les enfants d'Adam.

Attirez enfin, ô Marie! la bénédiction de Dieu sur tous ceux qui liront ces pages, et sur celui qui les traça pour votre gloire et pour la gloire de votre divin Fils.

Puissé-je contribuer à le faire aimer un peu sur la terre, pour mériter de l'aimer éternellement moi-même, avec vous, et à côté de vous, ô Marie, dans le Ciel! *Amen.*

Paris, le 17 février 1855, jour de la promulgation, à la cathédrale de Paris, du dogme de l'Immaculée Conception.

AU LECTEUR

Les huit discours de cette Octave, bien cher
frère en Jésus-Christ, ont d'abord été compo-
sés pour les Français qui habitaient Naples, à
mon passage dans cette ville, à la fin du Ca-
rême de 1854.

Ce fut sans doute témérité, de ma part,
d'adresser la parole au public, après avoir
passé douze ans dans des régions étrangères,
habitant presque toujours l'intérieur de la
presqu'île indienne en deçà du Gange, sans
autre occasion de parler ma langue maternelle
que dans de rares communications avec les
missionnaires mes collaborateurs. J'arrivais,

1.

d'ailleurs, d'un pays où les facultés intellec-
tuelles s'affaiblissent vite, où la mémoire se
rouille, où l'habitude se perd de nuancer les
expressions du langage avec les innombrables
modifications de la pensée.

Aussi, avant de prendre la parole devant
l'auditoire distingué qui accourut à l'église de
Sainte-Catherine *a Chiaia*, je crus devoir im-
plorer l'indulgence de mes auditeurs, et les
prier de vouloir bien ne s'attacher qu'à ce qu'il
plairait à Dieu de mettre de vrai et de bon
dans ma bouche, en me faisant grâce pour les
défauts de forme et de style.

La charité de mes auditeurs dépassa mon
attente, et m'encouragea plus tard à répondre
aux invitations que je reçus d'adresser quelquefois la parole aux fidèles, dans les villes où
j'ai passé, pendant ce court séjour dans ma
patrie.

En plusieurs lieux, j'ai donc redonné ces
mêmes discours avec quelques modifications de
circonstance. Partout ils ont été reçus avec

plaisir; et, si j'en crois des témoignages que j'ai lieu de regarder comme certains, le Seigneur, à la gloire seule de qui ils ont été faits et prêchés, aurait permis qu'ils produisissent quelques bons fruits. Enfin, dernièrement, ils ont été donnés, tels que vous les trouverez ici, dans l'édifiante église de Notre-Dame des Victoires, devant l'autel vénéré de l'Archiconfrérie du saint et immaculé Cœur de Marie.

Cette fois, notre bonne Mère semble avoir attiré quelques bénédictions de plus sur mes paroles; et je ne sais pas si je me fais illusion en croyant que c'est Elle qui m'inspire la pensée de livrer ces discours au public, au moment de quitter de nouveau la France, pour ne plus la revoir, peut-être.

Dans tous les cas, bien cher frère, vous y trouverez un faible témoignage du désir qui m'anime de voir le monde brûler de l'amour de Dieu, et de l'intérêt que je porte, sans vous connaître encore (car nous nous connaîtrons un jour dans le ciel, je l'espère), à votre salut.

Oh ! combien y en a-t-il qui s'attacheraient de cœur, beaucoup plus qu'ils ne font, à l'admirable religion de notre divin Maître, s'ils la connaissaient bien; s'ils ne se figuraient pas faussement qu'elle est seulement le partage de ceux qui font profession d'une perfection au-dessus des forces de la majorité des hommes; s'ils savaient que, dans la pratique de la sainte religion du Christ, les individus, la famille, la société entière, puiseraient, même pour ce monde inférieur, la plus grande somme de bonheur possible dans les diverses conditions de l'humanité; s'ils savaient que la religion de la Vérité n'est incompatible ni avec les sciences naturelles, pâle reflet, rayon décoloré de la souveraine sagesse, ni avec le développement des institutions politiques, ni avec les modifications sociales et les innovations qu'entraînent nécessairement les découvertes successives de l'intelligence humaine, pourvu que ces innovations, ces institutions et les prétentions de la science ne se placent pas gratuitement, et à

leur grand détriment, en dehors de l'action vivifiante de la Foi; s'ils savaient que notre France,
déjà si puissante et si belle, serait encore plus
belle et plus puissante, si elle était aussi chrétienne qu'elle peut et qu'elle devrait l'être!

Voilà un thème que j'aurais voulu pouvoir
développer dans une suite d'instructions plus
nombreuses que celles que je vous offre ici,
cher lecteur et bien-aimé frère. L'occasion ne
s'en est pas présentée. Les huit discours de
cette Octave en renferment seulement le germe.
Un autre, plus heureux et plus savant que moi,
le développera, pendant que je prierai pour
vous et pour la France ; non plus dans ma
lointaine mission, dans mon cher Vicariat
apostolique, que des circonstances, inutiles à
exposer ici, m'ont fait l'obligation d'abdiquer,
mais dans le séjour que l'Esprit-Saint m'indi-
quera pour le lieu de ma retraite.

Mais, si je prie pour vous, priez aussi pour
moi, cher lecteur, et soyez indulgent, je vous le
demande comme aux Français de Naples, pour

le style d'une langue qui n'est presque plus la mienne, qu'un séjour de six mois en France ne m'a pas permis de réapprendre, et que je dois chercher plutôt à oublier qu'à retenir.

Et que le Dieu tout bon répande sur vous ses bénédictions les plus précieuses! *Amen.*

PREMIER JOUR

—

Sur la grâce que Dieu nous a faite de naître dans des pays chrétiens et catholiques.

Cette parole ne doit être prise à la lettre.
mes frères, qu'en faveur de quelques-uns de
ces grands saints que l'infinie miséricorde de
Dieu a privilégiés par-dessus tous les enfants
d'Adam ; d'un Jérémie prédestiné à pleurer,
sur les ruines du Temple, des cantiques de
douleur, dont les lugubres accents retentiront
en nos fêtes de deuil, jusqu'à la consomma-

tion des siècles[1]; d'un Jean-Baptiste, le plus grand des enfants des hommes[2], qui fut obligé de protester énergiquement contre l'éclat de ses propres vertus, qui donnaient à penser qu'il pourrait bien être lui-même celui qu'il ne faisait qu'annoncer[3]; et surtout de celle que l'Éternel destinait à devenir la Mère de Dieu, de la glorieuse Vierge Marie, reine des Anges et de tous les Cieux, qui, par un privilége singulier, remontant plus haut que celui des deux prophètes, fut préservée de la tache originelle, commune à tous.

Cependant nous pouvons dire aussi que la parole du Seigneur à son prophète nous convient dans un sens, si nous considérons de quelle grâce incomparable la miséricorde de Dieu nous a prévenus dès l'origine de notre existence.

Qu'avions-nous fait, ô mon Dieu! pour mériter l'insigne privilége de naître dans des pays chrétiens? Habitués comme nous le som-

---

[1] *Threni.*
[2] Matth., XI, 11.
[3] Joann., I, 19 *et seq.*

mes, mes frères, à ne voir autour de nous
que des chrétiens, à ne compter que des chrétiens pour ancêtres depuis plusieurs générations, à peine avons-nous remarqué la faveur
que le Seigneur nous a faite, dès le commencement, en décrétant quel serait le lieu de
notre naissance; et peut-être avons-nous toujours négligé de lui en rendre grâce.

Je me propose d'attirer aujourd'hui votre
attention sur ce bienfait signalé du Seigneur,
et de vous porter à la reconnaissance que nous
lui devons pour nous avoir fait naître dans des
pays chrétiens et catholiques. Pour cela nous
verrons combien sont grands les avantages,
même temporels, que nous avons retirés de
cette faveur du ciel; ce sera l'objet de la première partie de ce discours; tandis que dans
la seconde partie nous verrons combien sont
dangereux les obstacles innombrables que
nous aurions rencontrés pour être faits enfants
de Dieu et de l'Église, si nous étions nés dans
des pays moins heureux que les nôtres.

Mettons sous la protection de la bienheureuse et immaculée Vierge Marie, et les paroles que nous allons prononcer, et celles que je

me propose de vous adresser chaque jour, dans le courant de cette semaine. *Ave, Maria.*

———

Peut-être paraîtra-t-il surprenant, mes frères, que je vous entretienne d'avantages temporels, à l'occasion d'une grâce surnaturelle; de cette grâce prévenante et à jamais précieuse par laquelle le Tout-Puissant nous a destinés à naître dans des pays où son nom est connu depuis longtemps; où l'eau de la régénération tomba sur notre front quelques instants après que nous eûmes reçu la vie; où le premier son qui vint frapper nos oreilles fut le doux murmure de la voix maternelle, qui nous apprit à louer, à bénir le Seigneur, avant même que nous fussions capables de le connaître. Mais pourquoi, dira-t-on, faire découler le bien-être temporel d'une grâce surnaturelle? Pourquoi, mes frères? Parce que cela est; et que la vérité, quelle qu'elle soit, est du domaine de la chaire chrétienne.

Quelle que soit, en effet, la distance incommensurable qui sépare l'ordre naturel de l'ordre de la grâce, Dieu est l'auteur de l'un et de l'autre. Or tout est harmonie dans les œuvres de Dieu. Elles s'enchaînent les unes aux autres avec un merveilleux accord, sans qu'on puisse quelquefois distinguer la nuance qui caractérise le commencement de l'une et la fin de l'autre.

Qui dira, par exemple, l'instant précis où finit le jour et commence la nuit? L'astre qui nous éclaire est déjà loin sous l'horizon que le crépuscule dure encore; et, pour déchirer les voiles de la nuit, l'aurore n'enverra pas une brusque lumière. De même en est-il dans la nature organisée. Elle commence sans qu'on puisse presque la distinguer de la nature métallique. Elle se développe ensuite par d'innombrables ramifications, dans le règne végétal, depuis le lichen qui colore la roche battue des vagues jusqu'au cèdre du Liban qui se perd dans les nues; dans le règne animal, depuis l'hermaphrodite polype, qui tient encore à la terre par des racines, jusqu'à ce corps mortel destiné à servir une âme immortelle, et qui, par la perfection de ses organes, a fait jusqu'ici le désespoir des physiologistes et des anatomistes de tous les temps.

Inutile serait-il d'insister sur cette considération scientifique, devenue familière dans l'histoire de la nature, tant de fois elle a été répétée. Je n'ai voulu l'effleurer que pour vous faire mieux sentir comment, dans l'ordre de la nature et dans l'ordre de la grâce, tout s'harmonise aussi, tout s'accorde, de sorte que la nature, sans jamais produire la grâce, en favorise cependant quelquefois les effets; et que la grâce seconde si bien la nature, qu'elle opère quelquefois comme une seconde création.

Or cette dernière vérité éclate comme la lumière de la foudre qui sillonne le noir nuage, lorsqu'on oppose la brillante civilisation des peuples chrétiens à la honteuse apathie ou à la grossière ignorance des peuples dont les institutions n'ont point ressenti l'influence vivifiante de la grâce de la foi.

On l'a nié sans doute, car nous sommes habitués à voir nier l'évidence. Cependant n'est-il pas curieux de tomber aujourd'hui sur cer-

taines pages de livres déjà vieux, quoique la
poussière des bibliothèques n'ait pas encore eu
le temps de les ronger; de livres, dans lesquels
une science quelquefois réelle, mais systé-
matiquement hostile à la Religion, s'est dés-
honorée en mêlant aux études physiques,
archéologiques, astronomiques même, des
théories d'une philosophie sans principes,
d'une théodicée absurde, mais flatteuse pour
des peuples qu'il fallait louer à tout prix, au
risque de se poser en contradiction avec les
faits plus tard mieux connus?

Ces contradictions ne pouvaient point manquer d'apparaître plus tôt ou plus tard. Elles
étaient infailliblement annoncées par les hommes vraiment sages, qui, appuyés sur les principes de l'inébranlable croyance catholique,
savaient, *a priori*, qu'il y avait des erreurs
immanquables dans tel amas de chiffres quelquefois moins positifs qu'on ne pense, dans
telle relation légère de voyageurs inexpéri-
mentés ou peu fidèles, et jusque dans ces décisions solennelles que la science avait por-
tées comme un arrêt sans appel, sur le témoignage muet d'un zodiaque grossièrement

sculpté ou de peintures hiéroglyphiques qu'elle ne savait pas encore lire. Mais il fallait alors remplir le programme d'une académie qui avait décrété de ne plus prononcer le nom de Dieu !

Et, pour ne parler que de l'Inde, que j'ai vue de mes yeux, que j'ai eu le temps de connaître un peu, que n'a-t-on pas dit, que n'a-t-on pas écrit sur les institutions *admirables* des Indiens? sur la *profonde* philosophie des Brâhmes? que sais-je? On a été jusqu'à vanter leur science. Grand Dieu ! il faut voir ces populations dégradées, malgré les nombreuses qualités naturelles qui les distinguent, pour comprendre jusqu'à quel point l'absence de la vérité peut humilier, affaiblir, anéantir un peuple, et le placer comme au-dessous du néant.

Est-ce à dire qu'il n'y ait rien de bon dans cette constitution brâhminique autrefois si vantée, et peut-être plus méprisée qu'il ne convient de nos jours? Je ne prétends pas cela. A mon avis, il y a du bon, et beaucoup. Mais, quand on la considère d'un œil attentif et scrutateur, on ne tarde pas à reconnaître que le bien et le vrai qui y sont restés, soit dans leur état de pureté primitive, soit comme l'or qui n'a point disparu dans un amalgame décoloré, sont dus à ces traditions antiques qui remontent, ni plus ni moins, à cette époque où il n'y avait encore qu'une langue et qu'un Dieu parmi les enfants des hommes[1]. De sorte que c'est à la religion véritable, à la religion naturelle, ce premier anneau de la religion du Christ, que les Indiens ont dû ces principes conservateurs qui les ont empêchés de descendre aussi bas que les anthropophages, tandis qu'aux superfétations brâhminiques ils doivent leurs usages bizarres, ridicules, barbares, l'absence de toute nationalité, la négation de tout progrès, l'entêtement dans l'erreur et jusque dans cette espèce d'erreur qui n'a besoin ailleurs que d'être signalée pour disparaître.

C'est ainsi qu'aujourd'hui encore, malgré les efforts des Européens, qui travaillent à faire pénétrer l'instruction dans le peuple au moyen de nombreuses écoles, la majeure partie des Indiens, et bon nombre de ceux qui

---

[1] *Gen.*, XI, 1.

passent pour savants à leurs yeux, croient sérieusement à l'existence d'une mer de sucre,
d'un océan de beurre fondu et autres ab-
surdités semblables. Il n'y a pas longtemps
qu'un roi du Maysore interrogeait gravement
un de mes vénérables collègues sur de semblables difficultés géographiques. Leurs véritables
savants, d'ailleurs, si savants il y a, leurs as-
tronomes, ne calculent-ils pas encore la con-
jonction de certaines planètes qui n'ont jamais
existé? Ainsi, du grand au petit, dans les
sciences naturelles comme dans ce qui touche
aux dogmes et à la morale révélés, tout est erreur chez eux, à part ces vérités de primitive
tradition, dont la sérieuse histoire, aidée de
nos livres sacrés, nous donne la clef.

Que les premiers de cette caste sacerdotale
de brâhmes aient été aussi absurdes que leurs
descendants; ou bien, comme d'autres le veulent, qu'ils aient réellement été de profonds
penseurs, qui aient prétendu sauvegarder la
vérité sous le voile de l'allégorie, peu importe.
Le fait est que, dans sa forme actuelle et qui
remonte bien haut, le brâhminisme a rendu
l'Indien, d'ailleurs intelligent, industrieux,

même courageux, incapable des vertus civiques qui font la force d'un peuple, et de tout autre généreux sentiment. La famille même a reçu des atteintes profondes dans son essence; la femme n'est qu'une servante méprisée, au lieu de cette noble et fidèle compagne que Dieu donna à l'homme pour partager ses douleurs et sa joie[1]; les enfants sont nourris, ils ne sont pas élevés; le père est toujours craint, il n'est presque jamais aimé; pour la mère on n'a jamais de crainte, et l'amour naturel des enfants pour le sein qui les nourrit disparaît avec l'âge qui ne peut se passer de la sollicitude maternelle. La raison, d'ailleurs, a dû plier sous le joug tyrannique de l'usage; les arts et les sciences n'ont pu se développer; on travaille le fer et l'airain comme du temps de Tubalcaïn[2]; on fait de la musique comme en dut faire Jubal[3]; la charrue des enfants de Noé dut être aussi parfaite que celle qui creuse aujourd'hui les sillons du Carnate, et

[1] *Gen.*, II, 22 *et seq.*
[2] *Ib.*, IV, 22.
[3] *Ib.*, IV, 21.

l'on n'a pas encore adopté d'instrument pour porter sa nourriture à la bouche, tant on a été loin dans le progrès!

Il faudrait plus qu'un discours, mes frères, pour pénétrer au fond des graves questions qu'un tel état de choses suggère. Il faudrait aussi, pour être juste, faire la part des vertus naturelles de ce peuple et des causes diverses auxquelles il doit, avec le souvenir des traditions primitives, le genre de civilisation qu'il possédait avant l'ère chrétienne, et qu'il a conservé jusqu'à ce jour. Mais on arriverait toujours à cette conclusion : que ni le merveilleux climat des tropiques, ni la fécondité du sol qu'arrose le Gange, ni le genre singulier de ses antiques relations extérieures, n'ont pu faire de l'Indien un peuple si distingué dans son humiliation. Aux vérités traditionnelles il doit ce qu'il a toujours eu de remarquable; à ses erreurs, sa faiblesse et sa honte.

Cependant l'Indien est un des peuples qui se sont conservés le moins imparfaits de ceux qui ont abandonné ou faussé la révélation divine, et cela parce que le genre même de ses erreurs l'a forcé plus que d'autres, je l'ai déjà

dit, à conserver beaucoup de vérités primitives. Ces vérités sont restées comme nécessairement enclavées dans la forme de ses erreurs.
Puisse un jour ce germe précieux percer l'é-
corce qui l'enveloppe, et s'épanouir au doux
soleil de la révélation du Christ, complément
et perfection de la révélation primitive [1] ! Alors,
je ne crains pas de le dire, en devenant chrétien, ce peuple, si privilégié d'ailleurs par la
nature, deviendrait un des plus grands et
surtout un des plus heureux peuples du
monde.

Ainsi, mes frères, le peuple de l'Inde est une
preuve vivante de l'insuffisance des forces de
la seule nature et de la seule sagesse humaine,
pour constituer un peuple vraiment digne,
hors de l'action civilisatrice de la foi. Preuve
plus frappante, pour un homme qui réfléchit,
que celle que nous fournissent aussi d'autres
peuples païens, mais descendus si bas au-dessous de l'échelle barométrique de la raison,
qu'ayant oublié depuis longtemps jusqu'aux
premiers principes de tout ordre social et de

[1] *Hebr.*, XII, 2.

2.

toute saine morale, il semble que jamais ils n'en aient eu la conception.

Inutile donc serait-il d'exposer à vos yeux le hideux tableau de ces hordes sauvages qui, dans des pays où il suffit de gratter la terre et de l'arroser d'un peu d'eau pour en extraire, chaque année, trois moissons régulières, croupissent dans la misère et meurent quelquefois de faim. Des édifices, des ouvrages d'art, des combinaisons de commerce, n'en cherchez point. Des huttes de terre sont leurs demeures, inférieures quelquefois à la cabane du castor. Pour vêtement, s'ils en ont, c'est une toile grossière, ou même des écorces d'arbres ou des feuilles entrelacées, tandis que de petits coquillages leur servent quelquefois de moyens de transaction. De science, de littérature autre que celle qui jaillit spontanément de leur cerveau naturellement poétique, comme le coco sort de terre et donne à l'insulaire sa noix précieuse sans qu'il l'ait planté, n'en parlons pas. Au delà des tribus qui l'environnent, et contre lesquelles le sauvage est toujours en guerre, la terre n'a plus d'existence pour lui ; ou bien, s'il connaît qu'un autre monde existe, il lui barre impitoyablement ses frontières, car il ne veut pas de civilisation.

Eh bien, quelques-uns de ces peuples les plus barbares se sont laissé pénétrer, bon gré, mal gré, par les missionnaires essentiellement civilisateurs. Le sang des martyrs dont leurs campagnes ont quelquefois été rougies commence à porter ses fruits ; et l'on voit aujourd'hui des peuplades qui dévoraient nos semblables, dans de barbares festins, il n'y a pas trente ans, et qui offrent en ce moment le spectacle attendrissant d'une réunion de frères.

Que ne puis-je entrer dans les détails, et vous démontrer ainsi par le fait de la dégradation de tous les peuples infidèles, et de la perfection plus ou moins grande de tous les peuples chrétiens, que la véritable religion seule est capable de conduire une nation à ce degré de perfection et de bonheur, même temporel, qui fut aussi le partage de l'homme, que Dieu créa pour être le seigneur et le maître de l'univers.

Car Dieu créa l'homme intelligent et libre ; un peu seulement au-dessous de la nature des anges, dit le prophète royal [1]. Il est vrai qu'il déchut par le péché, et que, n'ayant pas compris sa dignité, il a été comparé aux animaux sans intelligence, étant devenu semblable à eux [2]. Mais, aussitôt après sa chute, un rédempteur lui fut promis [3]. Ainsi Dieu n'abandonna pas le chef-d'œuvre de la création sur la terre. Il lui révéla de suite le libérateur en qui tous pourront être sauvés, et il aida son intelligence affaiblie, par la révélation de la loi, que son divin Fils devait venir plus tard, non détruire, mais perfectionner [4]. Tous ceux qui restèrent fidèles à cette loi, et qui ne fermèrent point leur intelligence à ce rayon de lumière divine, ont conservé leur dignité; d'autres ont plus ou moins été grands selon qu'ils ont plus ou moins conservé de cette suprême révélation; d'autres enfin ont rampé le ventre contre terre, quand ils ont tout rejeté ou tout oublié.

Et nous, mes frères, nous que le Seigneur

[1] *Ps.* VIII, 6.
[2] *Ps.* XLVIII, 13.
[3] *Gen.*, III, 15.
[4] Matth., V, 17.

a aimés plus que d'autres, nous sommes nés
sous le soleil de la glorieuse Europe, qui, depuis bien des siècles, ne connaît plus de suprême législateur que le Christ. L'esprit du
christianisme a pénétré notre société tout
entière, si bien que ses défauts semblent encore des vertus, quand on les compare aux
vertus des païens.

De là, la dignité de l'homme et la gloire
des nations ; le bien-être du peuple et la richesse publique ; les institutions de la charité, qui ne permettent pas qu'un seul mem-
bre de la société souffre l'extrême misère, à
moins que, par sa faute, il ne se mette en
état de ne pouvoir point ne pas souffrir ; les
établissements d'éducation, où se forme le
cœur de la jeunesse, en même temps que son
intelligence se développe et s'étend dans la
noble culture des lettres, des sciences et
des arts ; l'économie de nos lois, tutélaires de
la propriété et de l'honneur de tous ; les usages d'une politesse intelligente et délicate,
digne sœur puînée de la charité ; le respect
de la famille, organisée de façon à ce qu'il y
ait accord entre les exigences de la froide

raison et les sentiments généreux du cœur.
Et tout cela, mes frères, oui, tout cela, nous
le possédons, parce que nous sommes chrétiens. Et tout cela, oui, tout cela, disparaîtrait
de notre belle patrie, si nous cessions d'être
chrétiens ; absolument, si nous pouvions jamais avoir la folie de redevenir les adorateurs du gui des Druides, ou du fétiche des
Africains ; plus ou moins, selon que plus ou
moins nous nous éloignerions de la lettre ou
de l'esprit de l'Évangile.

O Dieu ! n'eussé-je que la modique ambi-
tion de compter parmi les sages de la terre,
je voudrais être chrétien. Né dans un pays
chrétien, ne fussé-je que philosophe, tous
mes efforts se réuniraient pour défendre et
propager l'esprit chrétien. Mais nous sommes
plus que cela, Seigneur ; nous sommes des
hommes de foi, pour qui les merveilles du
Christianisme ne sont pas seulement les conséquences naturelles d'une admirable théorie,
mais aussi l'effet d'une grâce surnaturelle et
à jamais précieuse, dont nous vous louons,
dont nous vous bénissons, et pour le bien
temporel qui en découle sur nos personnes,

sur nos familles, sur notre patrie, et surtout pour la facilité qu'elle nous donne de marcher dans la voie qui conduit à la céleste patrie.

Mes frères, ce dernier avantage surtout est le plus digne de notre admiration et de notre reconnaissance envers Dieu. Car avez-vous jamais réfléchi aux obstacles presque insurmontables que vous auriez à vaincre pour opérer votre salut, si vous étiez nés dans plusieurs autres contrées de la terre? C'est là ce que nous devrions voir dans la seconde partie de ce discours; mais j'abrége le plus possible, pour ne pas abuser de votre attention.

———

Peu de personnes ont l'habitude d'étendre leur regard au delà d'un horizon sensible plus ou moins large, dont la circonférence est tracée par la nature de leur éducation. Aussi peut-être s'en trouve-t-il parmi nous qui, non point comme l'insulaire sauvage, qui se figure que son île, dont il voit les deux bords frappés de la vague écumante, est toute la terre; ni, comme les Brâhmes à la science si vantée, qui croient (car plusieurs ont encore de la peine à se persuader le contraire) que le Gange et l'Indus forment les limites de l'univers; peut-être, dis-je, est-il ici des personnes qui pensent que les choses vont partout ailleurs à peu près comme dans les belles contrées où nous avons pris naissance.

Serait-il étonnant que beaucoup pensassent ainsi, quand on rencontre des hommes, d'ailleurs savants, qui se laissent quelquefois entraîner par de semblables illusions? Nous voyons même, dans certains commentaires, que des auteurs pieux, voulant célébrer le triomphe réel de l'Évangile sur les nations, se servent quelquefois du mot de toute la terre, en s'appuyant de l'expression des prophètes [1], quand ils rappellent que la Croix a fait tomber les idoles. Comme si toute la terre avait vu crouler les idoles quand Jupiter tomba.

Je ne prétends point cependant discuter ici

---

[1] Zach., XIII, 2.

l'exactitude de cette interprétation, car elle est vraie dans un sens : dans ce sens que, l'expression *toute la terre*, est quelquefois prise, dans la sainte Écriture, pour l'universalité des lieux dont on parle, ou bien pour tous les lieux qui furent connus des anciens, ou du moins avec lesquels ils eurent de fréquentes relations. Mais, si nous entendons par toute la terre la surface entière de notre planète, non, les idoles n'ont pas encore disparu. L'influence de la Croix les a certainement plus ou moins ébranlées en tout lieu, mais enfin elles sont encore debout dans d'immenses contrées de la terre. Il n'est plus question, sans doute, de Jupiter, de Mars, de Vénus et de la troupe scandaleuse de l'Olympe ; mais l'indéfinissable Brâhma, le triste Civen et l'infâme Vichnou, ont plus de cent cinquante millions d'adorateurs avec les trois cents millions de dieux qui leur servent d'escorte. Et cela, pour ne parler que des régions que bornent l'Indus et le Gange!

Oh ! non, mes frères; non, le monde n'est pas encore chrétien. Il existe des peuples innombrables chez qui le démon règne encore en maître presque absolu; des régions immenses, où, au lieu de nos temples magnifiques, élevés en l'honneur du seul et véritable Dieu, on ne voit que temples d'idoles; au lieu de la sainte image de la Croix, de pieuses madones, des statues et des images des saints qui nous rappellent les héroïques vertus des serviteurs de Dieu qu'elles représentent, on ne peut faire un pas sans broncher sur une figure obscène, quelque pierre noire et dégouttante d'huile, la représentation hideuse d'un singe, d'un serpent, d'un bœuf de Civen ou d'un cheval de Vichnou sortis des mains d'un potier, et ce potier, certes, n'était pas un artiste! Or tout cela on le dit des dieux!

A la place des sublimes enseignements de l'Évangile, on entend sérieusement raconter les merveilles d'une fable lubrique et absurde, mais si bien en rapport avec le génie des peuples pour lesquels elle fut inventée, qu'elle les saisit, les enivre, les entraîne, tandis que la portion la plus intelligente de la population laisse son esprit s'égarer et se perdre dans le vague d'une philosophie vaporeuse, d'une théodicée sans fondements, dont on abandonne les détails contradictoires, sans essayer de les prouver ni de les combattre, pour s'endormir dans l'indifférence d'un panthéisme énervant toute morale, d'après lequel, tout étant Dieu et Dieu étant tout, tous iraient irrévocablement se confondre et s'anéantir dans ce grand tout, soit immédiatement, soit après une série de renaissances imaginaires.

Et voilà, mes frères, dans quel milieu d'erreurs sont plongées bien des âmes généreuses et naturellement douées de quelques bonnes qualités, qui aspirent, dans l'Inde par exemple, à la participation du bonheur que vous possédez, vous, sous le joug aimable de l'Évangile. Qui dira les efforts surhumains qu'elles sont obligées de faire pour percer ces ténèbres épaisses avant d'apercevoir les lueurs de la Foi, dont votre âme fut infusée dès les premiers jours de votre existence ? Faut-il, après cela, s'étonner du petit nombre de conversions chez les païens ? Hélas! nous serions-nous convertis, nous, si nous avions eu le malheur de naître dans de semblables conditions ?

Cependant, direz-vous, ces gens-là sont raisonnables; or l'ensemble de leur système religieux et philosophique est évidemment monstrueux; les détails qui peuvent mériter l'honneur d'une réfutation ont mille fois été confondus, mis à l'épreuve d'une saine logique; tel qu'on nous le donne enfin, il est hors de toute discussion; il suffit d'un peu de raison pour le déserter à jamais; il est donc impossible qu'ils ne reconnaissent point la grossièreté de ces révoltantes erreurs.

Eh bien, si vous pensiez ainsi, vous vous tromperiez, mes frères. Vous diriez juste, il est vrai, si vous parliez de personnes raisonnables, dont la raison a déjà été illuminée de la clarté de la Foi; mais la raison toute seule, ah! qu'elle est faible, qu'elle est voisine de l'abrutissement! Quand on est né au sein de telles erreurs, qu'on les a sucées avec le lait, qu'on a grandi au milieu des préjugés dont elles remplissent l'esprit et le cœur, il est humainement impossible de les secouer. Il faut, pour cela, une de ces grâces puissantes, qui ne manquent jamais, il est vrai, mais auxquelles les hommes obéissent rarement, dominés qu'ils sont par la concupiscence, sous l'empire de leurs passions. On naît païen, on vit païen, on meurt païen, alors même qu'on était naturellement un homme de bien, de sens, et de raison.

Et nous, mes frères, nous que l'infinie miséricorde de Dieu a prévenus dès le commencement, nous que le Seigneur a fait naître dans des pays chrétiens, nous n'avons pas eu même à combattre un instant ces préjugés presque insurmontables pour d'autres. Quelle reconnaissance ne devons-nous pas à Dieu pour sa prédilection en notre faveur? Il nous avait peut-être paru, jusqu'ici, que c'était chose toute simple et commune à l'universalité des hommes, que d'avoir reçu le baptême peu de jours après notre naissance, et d'avoir ainsi été initiés, sans nul mérite de notre part, à la lumière surnaturelle d'où découle tout don parfait[1]. Hélas! combien naissaient le même jour que nous, qui n'ont pas encore reçu cette grâce et qui ne la recevront jamais! Combien donc serions-nous coupables, mes frères, de rendre vaine cette grâce, en ne pratiquant pas la loi de Jésus-Christ, dont elle nous a faits participants? Loi si raisonnable, d'ailleurs, si douce,

[1] Jac., I, 17.

si facile, si aimable, ainsi que je me propose de vous le démontrer dans les suivants entretiens.

Mais qu'est-ce à dire que nous soyons nés dans des pays chrétiens? A quoi cela nous servirait-il si nos parents eussent été du nombre de ces malheureux frères égarés qui déchirent la robe sans couture du Christ? Moins infortunés, sans doute, que ceux qui n'ont jamais entendu résonner à leurs oreilles le doux nom de Jésus, ces pauvres frères dévoyés n'en sont pas moins en dehors de l'arche de salut, hors de laquelle il n'y a que ruine et perdition[1]. Or il suffit d'avoir quelque temps vécu au milieu de populations hérétiques ou schismatiques, ou seulement d'avoir fréquenté des familles de frères égarés, pour se faire une idée des immenses difficultés dans lesquelles se trouvent plongées les âmes naturellement bonnes, qu'on y rencontre en grand nombre assurément, pour dominer les préjugés qui les enchaînent, pour déchirer le voile de l'erreur qui les enveloppe, pour briser le joug du mensonge sous lequel

----

[1] I Petr., III, 20.

elles sont habituées à courber la tête dès leur jeunesse.

Et, d'ailleurs, est-ce tout, que d'avoir à surmonter les préjugés de l'éducation et les illusions de l'esprit? Qui ne sait pas·que, dans les pays hétérodoxes, dès qu'on prend la détermination de revenir à la Foi de ses pères (car la conversion à la sainte Église catholique est toujours cela), on a le plus souvent à braver les oppositions de la famille, les exigences du cœur, la colère du prince; à sacrifier ses intérêts les plus chers, et quelquefois à affronter les tourments et la mort? Précieuses contradictions [1], qui élèvent quelquefois nos plus jeunes frères dans l'Église au-dessus des anciens de la famille, et qui leur valent au ciel les plus brillantes couronnes. Mais, avouons-le, mes frères, beaucoup reculent devant l'épreuve, le plus grand nombre ne s'y expose point, et l'immense majorité de ceux qui naissent de parents hors de l'Église vivent et meurent hors de son sein.

—————

[1] I Petr., III, 13, 14.

Mes frères, que serions-nous, vous et moi, si, au lieu de naître dans des pays chrétiens et catholiques, nous étions nés de parents protestants, schismatiques grecs, musulmans, boudhistes, brâhmes ou adorateurs des fétiches? Cette seule pensée fait frémir! Sans doute, avec une pleine volonté de correspondre parfaitement aux grâces que l'infinie bonté de Dieu ne refuse à personne, nous aurions absolument pu opérer notre salut. Mais l'aurions-nous fait? Très-probablement non. Nous qui sommes si lâches, qu'à peine avons-nous le courage de pratiquer la vérité connue, comment serions-nous parvenus à la connaître, s'il eût fallu pour cela briser notre nature, fouler aux pieds les intérêts de fortune, de famille, de position sociale; s'il eût fallu sceller de notre sang le premier acte extérieur de la Foi? Tandis que par la grâce, dont nous avons été prévenus, de naître dans des pays chrétiens et de parents catholiques, ce qui nous eût été d'une difficulté presque insurmontable ailleurs, nous est devenu doux, aisé, facile, aimable. Et le Seigneur tout bon a voulu que, par surcroît de faveur, là où nous trouvons notre salut facile, nous ayons aussi les commodités de la vie, la dignité de notre être, les joies de la famille, le développement de l'intelligence; en un mot, tout ce que l'homme peut désirer sur la terre dans sa nature actuelle.

O Dieu! que vous avez été vraiment le Dieu bon pour nous! Reconnaissons-le, mes frères, et louons-en le Seigneur, en lui promettant de correspondre à tant de faveurs par notre inviolable attachement à la religion chrétienne. Louons-le, dis-je, et bénissons-le avec le Psalmiste; écrions-nous qu'il est bon, qu'il est aimable, et que sa miséricorde envers-nous, qui sommes son peuple choisi, est éternelle. *Misericordias Domini in æternum cantabo*[1]. *Amen.*

[1] *Ps.* LXXXVIII, 2.

SECOND JOUR

Qu'il ne suffit point d'être Chrétien, mais qu'il faut encore pratiquer intégralement la loi du Christ.

*Populus hic labiis me honorat; cor autem eo
rum longe est a me.* (Matth., XV, 8.)

Ce peuple m'honore des lèvres, mais son cœur est
loin de moi.

On a coutume d'appliquer ces paroles, mes
frères, aux personnes d'une conduite hypo-
crite, qui déshonorent le christianisme par un
extérieur de saint, sous un cœur de démon.
Et vraiment, c'est bien juste; car Dieu lit au
fond des cœurs. C'est le cœur qu'il veut qu'on
humilie par la pénitence, au lieu de déchirer
ses vêtements [1]; c'est le cœur surtout qu'il

[1] Joel., II, 13.

demande comme une oblation pure . *Præbe, fili mi, cor tuum mihi*[1] : O mon fils! donnez-moi votre cœur! nous dit-il par la bouche du Sage.

Cependant on peut aussi les appliquer avec justice à ceux qui se disent chrétiens, mais qui vivent comme s'ils ne l'étaient point. Ils confessent de bouche l'Évangile, extérieurement ils respectent la religion, ils défendent même, dans l'occasion, la vérité contre l'erreur et le mensonge, mais ils se dispensent de la pratique chrétienne.

Vainement allèguent-ils pour excuse qu'ils ne pratiquent pas tous les points de notre sainte religion afin de n'être pas hypocrites. Car ils sentent que leur cœur est dominé par quelque passion qui l'emporte sur celle que nous devons tous avoir de l'amour de Dieu, et ils ne veulent pas, disent-ils, faire une confession vaine, une communion sacrilége dans ce triste état.

En vérité, ils ont raison dans un sens, et le motif pour lequel ils s'abstiennent est louable

[1] *Prov.*, XXIII, 26.

en soi. Ils ont raison de ne vouloir pas être hypocrites; mais ils ont tort de ne point éloigner les obstacles qui les empêchent d'être franchement et loyalement chrétiens, de fait autant que de nom.

En un mot, nous ne devons être ni hypocrites ni impies; car c'est une impiété que de ne point obéir aux lois de Dieu; il n'est point de raison qui nous en dispense. C'est là ce que je me propose de démontrer dans ce discours, où vous verrez que, pour correspondre aux ineffables dons que nous avons reçus de Dieu, il ne suffit point d'être chrétien, mais qu'il faut aussi pratiquer intégralement la loi du Christ.

Daigne l'esprit de Dieu mettre dans ma bouche des paroles capables de vous convaincre! Demandons-le-lui par l'entremise de notre Mère, l'immaculée Vierge Marie. *Ave Maria*.

Combien est désordonnée la vie du chrétien qui se conduit comme s'il n'était pas chrétien, je vous l'aurai suffisamment prouvé, mes frères, si je démontre qu'il rend inutile les innombrables dons qu'il a reçus du ciel, et dans l'ordre de la nature, et dans l'ordre de la grâce. Ce sera le premier point de ce discours ; tandis que, dans le second, je ferai voir que d'inutile il se rend coupable. De sorte qu'il devient semblable au serviteur inutile de l'Évangile, *inutilem servum* [1], premier point ; et au serviteur méchant, *serve nequam* [2], second point.

Nous l'avons dit hier, mes frères, et nous ne saurions nous lasser de l'admirer : tout est parfaitement coordonné dans les œuvres de Dieu. Ce n'est jamais au hasard, mot vide de sens, impossible en face d'une puissance infi-

---

[1] Matth., XXV, 30.
[2] *Ib.*, XVIII, 32.

nie, qu'une chose, quelque minime qu'elle paraisse, a été faite.

Ouvrons les yeux, et, comme ils ne suffisent point pour entrevoir les merveilles de la création, armons-les d'un cristal, et voyons, au bout d'un long télescope, ces globes, que les derniers efforts de la science ont surpris dans leur marche rapide, roulant dans des orbites immenses qui enserrent les orbites auparavant connues. Ils sont régis par d'innombrables lois qui contre-balancent les forces diverses de ces masses puissantes, et qui maintiennent l'équilibre de l'univers avec une telle exactitude, que, des siècles à l'avance, on prédit l'instant précis d'un phénomène céleste.

Lois admirables dont la justesse a dirigé les supputations du savant, et fixé sur l'astre à l'œil invisible le télescope étonné de sa nouvelle conquête.

La science, naturellement un peu oublieuse de celui qui a fait et ces lois et l'intelligence de l'homme pour les comprendre, les a nommées lois de Képler, lois de Newton, gravitation universelle, et le reste, sans que je veuille, certes, lui en faire un crime, car elle a eu principalement pour objet en cela d'immortaliser le génie, et c'est un bien. Permettez, cependant, que je ne les appelle ici que du nom de Dieu : Lois de la nature ; c'est-à-dire, de l'intelligence infinie qui a présidé à toutes ces merveilles, et qui a tout réglé dans la mesure, le nombre et le poids, a dit le Sage, il y a plus de trois mille ans. *Omnipotens manus tua.... quæ creavit orbem terrarum ex materia invisa.... sed omnia in mensura, et numero, et pondere disposuisti*[1].

Prenons maintenant le microscope, réunissons sur un point les rayons de vingt soleils, car il ne suffit point de la lumière d'un seul pour découvrir les merveilles cachées dans les fibres imperceptibles à l'œil nu, de l'organisation complexe d'une antenne de papillon, ou d'un brin d'herbe qui rampe à terre et que nous foulons aux pieds. Que de merveilles nouvelles ! que de lois inconnues ! que d'ordre ! que d'harmonie ! Nous nous trouvons en face et comme aux limites d'un nouvel infini, au-dessus de ces imperceptibles grandeurs. La

[1] *Sap.*, XI, 18, 21.

plus forte intelligence qui ait sans doute paru sur la terre, ce fils de David qui a proféré trois mille paraboles et composé cinq mille chants[1], s'en était bien aperçu; car il avait écrit sur l'histoire naturelle des quadrupèdes et des oiseaux, des reptiles et des poissons, et, dans sa botanique, il avait traité depuis le cèdre du Liban jusqu'à l'hysope qui croît sur la muraille. *Et disputavit super lignis, a cedro quæ est in Libano, usque ad hyssopum quæ egreditur de pariete*[2].

C'est ainsi que, dans l'ordre physique, tout a été admirablement réglé par le doigt de Dieu; et les êtres inanimés obéiront nécessairement, en suivant irrévocablement leurs lois, jusqu'au moment où le Créateur dira : C'est assez !

Eh quoi ! s'il en est ainsi de la vile matière, de ces globes qui se heurteront un jour[3], pour reproduire le chaos et peut-être le néant; de cette fleur des champs qui s'épanouit aujour-

---

[1] III *Reg.*, IV, 32.
[2] *Ib.*, IV, 33.
[3] Matth., XXIV, 29.

d'hui, et qui sera mise au four demain [1] ;
combien plus grande ne doit pas être la providence de l'éternelle sagesse, sur tout ce qui
touche à l'ordre moral? Quoi donc! Cette
providence s'étend sur le lis des champs et
sur les oiseaux du ciel [2], et elle serait sans action sur l'homme, le maître et le roi de l'univers? Loin de nous ce blasphème, que repousse
la simple raison, et qui fut d'ailleurs réfuté
par la douce révélation du Fils de Dieu. Oui,
mes frères, l'œil de Dieu est sur vous, et ses lois
vous gouvernent ; il connaît chacun par son
nom, et il ne tombe pas un seul cheveu de vos
têtes, qu'il ne le sache et ne le permette [3].

Mais voici la merveille des merveilles de la
création. Du nombre de ces lois, il en est une
qui nous laisse la liberté [4]. Dieu a voulu qu'il
y eût des êtres qui concourussent à l'accomplissement de son éternelle et immuable volonté, en restant libres d'obéir ou de désobéir
aux lois particulières qu'il a promulguées pour

[1] Luc., XII, 28.
[2] Ib., XII, 24 27.
[3] Ib., XXI, 18.
[4] Gen., II, 17.

eux [1]. Ces êtres, c'est nous, pendant le temps d'épreuve qu'il nous est donné de passer sur la terre.

Est-ce à dire que nous puissions anéantir la volonté de Dieu sur nous? Nullement, car sa volonté est telle que nous soyons libres; et si, par l'abus de cette liberté, nous avons l'audace d'introduire le désordre dans l'ordre moral, il saura bien faire surgir l'ordre absolu de ce désordre transitoire. En un mot, il sera glorifié dans sa justice à l'égard du pécheur [2], aussi bien que dans sa miséricorde à l'égard du juste.

Ainsi donc, mes frères, si nous établissons le désordre, ce désordre ne fera mal qu'à nous; nous seuls en souffrirons, sans que l'éternelle sagesse de Dieu cesse d'être un instant inattaquable. Il veut que notre intelligence éclairée, et notre volonté libre, fassent concourir à sa gloire tous les biens qu'il nous a donnés; et afin que nous n'ignorions pas de quelle manière il entend que nous en usions

[1] *Gen.*, IV, 7.
[2] *Ps.* CXXVIII. 1.

pour le servir et le glorifier sur la terre, il nous a donné Moïse et les prophètes [1]. Que dis-je! Autrefois, dit saint Paul, il a parlé à nos pères de plusieurs manières par les prophètes, mais dernièrement [2] c'est par la bouche de son Fils qu'il nous a fait passer ses préceptes et ses enseignements. Et voilà que l'esprit de Dieu est descendu sur lui sous forme de colombe [3]. Une voix du ciel s'est fait entendre; elle disait: C'est là mon Fils bien-aimé, en qui j'ai mis toutes mes complaisances; écoutez-le. *Hic est Filius meus dilectus, in quo mihi complacui* [4].... *Ipsum audite* [5].

Obéissance donc à la loi du Christ, à l'Évangile qu'il nous a prêché, à sa parole tout entière, sous peine de bouleverser l'ordre moral supérieur à l'ordre de la nature inintelligente, et de violenter nos lois. Vous refusez d'obéir? C'est plus qu'un soleil qui s'éteindrait avant le temps; plus que si les flots de la mer oubliaient

[1] Luc., XVI, 29.
[2] *Hebr.*, I, 2.
[3] Luc., III, 22.
[4] Matth., III, 17.
[5] Luc., IX, 35.

l'ordre qu'ils ont reçu de venir jusque-là se briser sur la roche qu'ils couvrent de leur écume, sans dépasser la limite. *Et dixi : Usque huc venies, et non procedes amplius, et hic confringes tumentes fluctus tuos*[1].

Dans l'universalité des êtres, vous avez votre place marquée, un objet à remplir, une fin à atteindre, des devoirs à accomplir. Pour cela vous ont été donnés plus ou moins d'intelligence et de savoir, plus ou moins de force morale ou physique, plus ou moins d'influence et de crédit, plus ou moins d'autorité sur vos semblables, plus ou moins de richesses périssables. Tout cela, ce sont des dons de Dieu, des deniers qui ne vous ont pas été confiés en vain; vous devez les faire valoir[2] suivant les règles de l'Évangile. C'est-à-dire qu'en tout cela vous devez suivre non-seulement la direction de la droite raison, mais aussi les enseignements de la Foi.

Car à tous ces dons naturels Dieu a superposé sa grâce pour vous élever au-dessus de l'ordre purement intellectuel, jusqu'à celui où

[1] Job, XXXVIII, 11.
[2] Luc., XIX, 13.

vos œuvres sont rendues presque divines par votre union avec Dieu, connu, aimé, servi dans ce monde, par un principe de foi et de charité. Cette union rendra vos œuvres non-seulement bonnes, mais saintes. Or c'est là ce que le Seigneur demande de vous. Il vous a faits non-seulement pour être bons, mais de plus et surtout pour être saints. Il veut que vos actions soient non-seulement exemptes de ce désordre que réprouve la seule raison, mais aussi qu'elles soient méritoires pour le ciel, qui est bien plus que la terre le lieu de votre destination, la raison de votre existence.

Nous ne sommes ici qu'en passant, comme des matériaux que l'ouvrier polit[1] dans le chantier pour la construction du temple où le Seigneur résidera éternellement au milieu des saints qui seront les pierres de l'édifice dont il sera lui-même la lumière[2]. Ces matériaux se préparent ici par la grâce, au milieu des embarras du monde, mais dans le recueillement d'une conscience pure, pour être placés sans

[1] I *Par.*, XXII, 2.
[2] *Apoc.*, XXI, 23.

bruit[1] dans la construction du véritable temple de Salomon. Mais ils seront rejetés si la forme est trouvée défectueuse, s'ils n'ont pas été modulés d'après la mesure de l'Évangile.

Réfléchissez-y, mes frères, vous surtout, s'il en est ici, qu'une conduite honorable met au rang de ces gens de bien que leur inexactitude à observer les lois de l'Évangile ne nous permet pas de compter parmi les vrais chrétiens. Que d'actions louables, que de mouvement, que de sollicitude, que d'œuvres bonnes en elles-mêmes, mais inutiles pour le ciel, par cela seul qu'elles ne sont pas faites selon la mesure de la Foi !

Que l'impie, le blasphémateur, le criminel périssent, c'est triste sans doute, notre charité s'en afflige profondément ; cependant le dégoût que leurs œuvres nous inspirent diminue, en quelque sorte, nos regrets. Mais que des hommes honnêtes, que des hommes naturellement bons, dont la vie entière est employée au service de la patrie, au bien-être de la société, aux soins de la famille, et même au soulagement de

[1] III *Reg.*, VI, 7.

la misère, s'exposent à être un jour rejetés de Dieu ; qu'ils n'aient ainsi qu'une vie d'un jour, qu'un mérite éphémère, à la place de la vie éternelle qu'ils mériteraient par ces mêmes œuvres, s'ils avaient soin de se maintenir dans l'ordre surnaturel de la grâce, n'est-ce point là le plus regrettable des désordres ?

Et cependant Dieu, qui est l'ordre souverain, ne saurait transiger sur ce point. Parce qu'il est aussi la souveraine justice, vos œuvres naturellement bonnes recevront ici-bas leur récompense naturelle. Vous jouirez de jours plus ou moins longs et heureux, de plus ou moins de gloire, de plus ou moins de renommée ; mais, si vous vivez en dehors de l'ordre surnaturel de la grâce, vous ne sauriez attendre ni espérer autre chose. Et quand l'heure suprême sonnera, vous paraîtrez devant le souverain juge, exact appréciateur de vos œuvres, pleins de jours, mais sans mérite, serviteurs inutiles, et pire encore, serviteurs méchants, car vous aurez été ingrats et rebelles, c'est ma seconde partie.

Il n'est pas besoin d'avoir beaucoup approfondi l'admirable économie de notre sainte religion, pour comprendre comment c'est une conséquence qui découle nécessairement de l'incomparable sainteté de Dieu, que rien de souillé, comme nous le dit l'Esprit-Saint[1], n'entre dans le royaume des cieux. Or ce qui souille l'âme, c'est le péché quel qu'il soit, l'ingratitude et la désobéissance aussi bien que les péchés d'orgueil et les péchés de la chair.

L'ingratitude, mes frères (plusieurs peut-être d'entre vous ont personnellement éprouvé tout ce qu'elle a de poignant!) est une de ces fautes qui vont droit au cœur de celui qui nous a fait du bien. Double et triple iniquité dans une seule, en quelque sorte autant de fois renouvelée qu'ont été multipliés envers nous les bienfaits reçus. Or, si pour apprécier la nôtre, quand nous méprisons la loi du Christ, nous prenons pour base le nombre des bienfaits que nous avons reçus de Dieu, nous arrivons à une progression infinie ou du moins indéfinie, dont la somme est incommensurable.

[1] *Apoc.*, XXI, 27.

Comptez, en effet, si vous le pouvez, les bienfaits que vous avez reçus du Seigneur? Un jour, le Seigneur dit à Abraham son serviteur : Lève la tête au ciel, et comptes-en les étoiles, si tu peux ; *si potes*[1]. Jette les yeux sur la terre, et dis-moi si quelqu'un a jamais pu compter les grains de poussière qui la couvrent[2]. Eh bien, mes frères, plus nombreux sont encore les bienfaits du Seigneur à notre égard! Dieu dit encore à son autre serviteur, le saint homme Job : As-tu jamais pénétré la profondeur des mers, as-tu marché dans les plus basses régions des abîmes[3]? Or les profondeurs de la miséricorde de Dieu sur nous sont un abîme de bonté plus impénétrable encore.

Je vous disais hier combien grande fut la grâce par laquelle le Seigneur nous a prévenus, dès l'origine de notre existence, en nous faisant naître dans des pays chrétiens et catholiques; en nous réintégrant, par le baptême,

[1] *Gen.*, XV, 5.
[2] *Ib.*, XIII, 14 *et seq.*
[3] Job., XXXVIII. 16.

dès le commencement de notre vie, dans l'ordre surnaturel d'où nous étions déchus par le
·péché d'origine. A-t-il borné là ses faveurs? A
combien d'entre vous n'a-t-il pas donné pour
père un Tobie, vrai *homme de bien*, qui dirigea
vos premiers pas dans les sentiers de la justice et de l'honneur? pour mère, une de ces
femmes fortes dont parle l'Écriture[1], qui, en
même temps qu'elle veillait jour et nuit pour
préserver le fruit de ses entrailles de tout danger extérieur, insinuait dans votre naissante
mémoire des paroles de piété, qui s'y gravaient
comme des caractères d'or sur la cire?

Ainsi vous grandissiez sous la suave tutelle
de ceux qui vous donnèrent le jour, et aussi et
surtout sous l'œil vigilant de cet ange invisible
qui vous accompagne en tout lieu, que Dieu a
député à votre garde[2]; puissiez-vous ne l'avoir
jamais attristé! Cependant si, lorsque vous
commençâtes à user et peut-être aussitôt à abuser de la raison qui se développait en vous de
jour en jour; si, dis-je, vous avez étonné votre

---

[1] *Prov.*, XXXI, 10.
[2] Matth., XVIII, 10.

céleste gardien par de précoces erreurs, vous a-t-il abandonné? Non. Dieu lui a commandé de rester avec vous pour si mauvaise compagnie que vous puissiez lui être. Vous l'avez entendu souvent parler à votre cœur, jusque dans l'effervescence et dans l'enivrement des passions, pour vous rendre plus raisonnable et vous exciter, par de salutaires remords, à des sentiments plus dignes de vous. Et quand vous l'avez écouté, vous rendant enfin à ses charitables importunités, vous vous êtes jeté dans la piscine de Siloé, dont il avait troublé les eaux[1] exprès pour vous. Là ce trouble de la conscience, qu'une salutaire contrition agitait, se calma tout d'un coup, quand, au nom de celui qui remet seul les péchés[2], vous entendîtes le ministre de la miséricorde vous adresser ces paroles de paix : Allez, mon fils, vos péchés vous sont remis[3].

Combien de fois cette grâce de la réconciliation vous a-t-elle été accordée ? Bien souvent sans doute pour des fautes légères. Et pour des

[1] Joan., V, 4.
[2] *Ib.*, V, 21.
[3] Luc., V, 20.

fautes graves? Dieu seul le sait, et vous. Lisez-le dans vos consciences.

Et puis? Et puis, bon Dieu! comme gage de sa parfaite réconcilation, le Seigneur Jésus vous appela au banquet de la vie. Rappelez-vous combien vous sentîtes le prix de cette ineffable communication divine le jour où il vous fut donné d'approcher pour la première fois de la table des saints. Vous aviez couronné votre tête de roses blanches, emblème de la pureté qui régnait dans vos cœurs, et vous teniez à la main le flambeau, symbole de la foi et de la charité dont votre âme était embrasée. Votre poitrine résonnait de saints cantiques; et ce n'était point votre bouche, certes, qui parlait seule cette fois; votre cœur parlait plus haut que vos lèvres.

Et puis?... Mais je n'en finirais pas si je voulais raconter tout ce que le Seigneur a fait pour vous. N'est-ce pas lui qui a conduit votre adolescence jusqu'à la jeunesse, en la préservant de tout péril, ou en l'aidant à se relever, si quelquefois vous n'avez pas évité la chute[1]?

____

[1] *Ps.* LXX, 17.

N'est-ce pas lui qui vous a donné et le temps
et les moyens d'orner votre intelligence, ou de
vous exercer dans un art utile, de façon à
remplir avec avantage, au temps de la virilité,
la place qu'il vous avait assignée dans l'échelle
sociale? N'est-ce pas lui qui a fait votre part
des richesses qu'il distribue à pleines mains?

Peut-être avez-vous trouvé modique la portion qui vous est échue? Qui vous dit que
ce n'est point là la plus grande grâce de ce
genre que le Seigneur vous ait faite? Combien
y en a-t-il qui se perdent et dans ce monde et
dans l'autre, pour avoir possédé beaucoup? Bien
plus difficile est-il d'être riche et de bien user
de ses richesses, que de supporter avec calme,
avec résignation, et quelquefois avec un surcroît de véritable bonheur, les épreuves d'une
modique fortune[1].

Et c'est ainsi que, très-souvent, ce qui nous
semble un mal est une véritable grâce du Seigneur. Il n'est point jusqu'aux épreuves de la
maladie, d'un revers de fortune, de la perte
d'une personne chérie, et d'autres causes d'af-

[1] *Prov.*, XXX, 8.

fliction, qui ne soient quelquefois des grâces précieuses[1].

Un jour viendra où nous comprendrons tout cela, où nous verrons que la bonté de Dieu à notre égard est infinie; que sa miséricorde a été persévérante, continuelle. Aujourd'hui, recouverts comme nous le sommes d'une écorce grossière qui paralyse les sens de notre âme, nous ne voyons pas clair dans les événements qui concourent à notre véritable bonheur. Ainsi nous nous plaignons souvent quand nous devrions nous réjouir et bénir le Seigneur; nous nous considérons comme abandonnés de la Providence, quand elle est là qui nous dirige et nous conduit comme par la main, ainsi qu'une mère dirige et conduit le plus chéri de ses enfants.

Oh! qu'il comprenait les choses bien mieux que nous, le prophète royal, quand il invitait la foudre et le tonnerre, les tempêtes et la grêle à bénir le Seigneur[2]! Et ces grands serviteurs de Dieu qui estimaient la pauvreté plus

---

[1] *Ps.* CXVIII, 71.
[2] *Ib.*, CXLVIII, 8.

que d'autres n'estiment les richesses, les humiliations plus que la gloire, les souffrances plus que les délices, qui ne suffisent jamais à l'homme qui ne marche point dans les voies de Dieu.

Nous sommes trop imparfaits, mes frères, pour apprécier ainsi toutes choses, comme les grands saints; mais reconnaissons du moins les innombrables bienfaits de Dieu quand il nous a traités dans sa miséricordieuse bonté; or je n'ai point énuméré la centième partie de ses miséricordes. Comptez les étoiles du ciel, si vous le pouvez, *si potes,* et voyez que plus nombreux ont été les effets de la bonté de Dieu sur vous.

Et maintenant jetez un regard sur votre vie de chrétien, et si vous avez été ingrats, jugez-vous vous-mêmes. Jugez-vous en présence de Jésus-Christ qui fut la personnification infinie de la miséricorde de Dieu sur nous. Car Dieu a si fort aimé le monde, qu'il lui a donné son Fils unique, dit saint Jean [1]. Après l'avoir vu dans l'incomparable vie dont les évangélistes

---

[1] Joan., III, 16.

nous ont conservé les détails; car il agit avant
que d'enseigner [1], il nous donna l'exemple
avant que de formuler le précepte; après l'a-
voir entendu dans les paroles qu'il prononça
pour l'édification de tous les siècles, et dont le
saint Évangile est le sublime abrégé [2]; quelle
excuse aurions-nous de ne point avoir pratiqué
sa loi? Aucune, sans doute, et à l'ingratitude
qu'il nous reprocherait avec tant de justice,
viendrait se joindre la rébellion que nous aurions opposée à ses préceptes.

Car il a aussi laissé des préceptes. Il faudrait
bien peu connaître les hommes, pour ne pas
comprendre qu'il ne suffit pas de leur recommander, en général, de faire le bien et d'éviter
le mal. Ce commandement serait trop vague
en face de notre intelligence obscurcie, aux
prises avec le dévergondage de nos passions.
Il n'est pas un législateur sur la terre qui ait
prétendu conduire une société quelconque avec
cette seule loi, fût-ce une société de saints,
comme on en trouve quelquefois dans les cloî-

[1] *Act.*, 1, 1.
[2] Joan., XXI, 25.

tres et autres lieux de pieuse retraite. Comment donc supposer qu'elle pourrait suffire à la direction de la société tout entière, à une religion qui, par sa nature, embrasse l'universalité des hommes de tous les temps et de tous les lieux [1]?

Le Verbe de Dieu, l'éternelle sagesse du Père ne pouvait pas s'y tromper. Sans doute sa loi est une loi de grâce, une loi de liberté, dit saint Jacques [2], comparée à la loi du Sinaï, qui ne fut que pour un temps, et pour un seul peuple, comme figure et préparation à la loi du Christ. Cependant elle renferme aussi des préceptes que nous serions d'autant plus coupables de violer, qu'ils sont plus doux et plus faciles à remplir, ainsi que je me propose de vous le démontrer demain. De plus, Jésus-Christ a établi son Église, avec laquelle il nous a promis de rester jusqu'à la consommation des siècles [3], et qui, sous l'inspiration de l'Esprit-Saint qui l'assiste, doit régler toutes

[1] Matth., XVI, 15.
[2] Jac., II, 12.
[3] Matth., XXVIII, 20.

choses, et modifier, selon les époques et les lieux, les lois de discipline que son divin chef a laissées à son appréciation.

Cependant il ne pouvait pas permettre que sa loi demeurât sans sanction; et cette suprême sanction, il l'a prononcée lui-même pour les lois divines qu'il a formulées, comme lorsqu'il a dit, par exemple, en portant la sainte loi du Baptème, que celui qui ne serait point régénéré de l'eau et du Saint-Esprit n'entrerait point dans le royaume de Dieu [1]. Ou bien quand il a porté la douce et pieuse loi de la pâque nouvelle, en disant : Que celui qui ne recevrait pas son corps en nourriture et son sang en breuvage n'aurait point la vie [2]. Quant aux lois de l'Église, il a consenti d'avance à leur promulgation, et il leur a donné implicitement la même sanction quand il a dit : Que celui qui n'écouterait pas l'Église serait considéré comme un païen et un publicain [3].

Donc il ne suffit pas de croire à l'Évangile,

---

[1] Joan., III, 5.

[2] *Ib.*, VI, 54.

[3] Matth., XVIII, 17.

de croire à l'Église, d'avoir la foi, mais il faut aussi, sous peine de se rendre prévaricateur et coupable, observer la loi du christianisme tout entière. Et ces lois naturelles, éternelles, immuables, qui furent dès le commencement, et qui subsisteront toujours, ces lois qui sont principalement celles que le Fils de Dieu fait homme est venu, non détruire mais perfectionner [1]; et celles que Jésus-Christ en personne a promulguées dans sa vie mortelle, ces lois évangéliques et divines, qui dureront autant que l'Église militante sur la terre [2]; et celles que ce prudent législateur a laissées à la discrétion de son Église, lesquelles peuvent et doivent se modifier selon la diversité des circonstances, des lieux et des temps; non point suivant le goût et le caprice de chacun, ce qui serait un désordre, mais suivant le jugement des évêques, qui ont reçu mission de gouverner les Églises [3], et surtout du chef visible de l'Église sur la terre, du vicaire vénéré de Jé-

[1] Matt., V, 17.
[2] Luc., XVI, 16, 17.
[3] Act., XX, 28.

sus-Christ, à qui le Sauveur a dit : Pais mes agneaux, pais mes brebis [1].

Je le répète, cette discipline morale est d'obligation pour tous, sous peine d'attirer sur soi la colère et la vengeance du Seigneur au lieu de ses bénédictions. Or craignons cette colère, mes frères, car le Dieu bon est aussi le Dieu juste et fort [2]. Que cette crainte nous attache à la pratique de nos devoirs. Cependant, laissons-nous conduire avant tout par un sentiment plus noble que la crainte : celui qui doit animer un fils à l'égard du meilleur des pères ; le pauvre qui a tout reçu, à l'égard du bienfaiteur qui lui a tout donné ; en un mot, par des sentiments de reconnaissance et d'amour.

Plaise à Dieu, mes frères, qu'aucun de nous n'ait sujet de redouter qu'au jour de la su-

[1] Joan., XXI, 16, 17.
[2] *Deut.*, XXXII, 4

prême justice le Maître de l'univers ne le repousse en lui adressant ces terribles paroles : *Serve male et piger* [1], Serviteur méchant et paresseux ; et qu'il n'ajoute ensuite, en s'adressant aux ministres de ses vengeances : Enlevez-lui le talent que je lui avais confié et donnez-le à celui qui en avait reçu dix, et qui les a fait valoir [2]! Celui qui a reçu dix talents, mes frères, est celui qui, moins favorisé peut-être que vous des biens de la fortune, s'est enrichi des précieux trésors de la grâce, dont le pécheur n'avait que faire, disait-il dans son orgueil. Insensé! Il avait reçu pour partage les honneurs et la puissance ; ses greniers étaient pleins, sa table surabondante, le luxe brillait dans ses palais, et il se croyait riche. Écris à l'ange de Laodicée, dit le Seigneur : Tu dis : Je suis riche et dans l'abondance, je ne manque de rien ; et tu ne sais pas que tu es misérable, très-misérable, pauvre, aveugle, dénué [3]!

[1] *Matth.*, XXV, 26.
[2] *Ib.*, XXV, 28.
[3] *Apoc.*, III, 17.

Plus coupables que ce pontife dans la tiédeur, il en est qui se croient riches parce
qu'ils possèdent les biens de ce monde ; et
ils n'ont rien. Ces richesses ne sont que va-
nité, elles disparaîtront comme une fumée
légère, elles seront données à d'autres, et
vous, serviteur inutile, vous serez jeté dans
les ténèbres extérieures, dans le séjour des
pleurs et des grincements de dents[1]. Le Seigneur vous les a cependant données, mes
frères, pour les faire valoir dans la pratique
des vertus chrétiennes, franchement, loyalement, sincèrement exercées. Vous pouvez les
faire servir à la vie éternelle, il suffit pour
cela d'être sincèrement chrétien, enfant
obéissant et soumis au meilleur des pères.

Et qui, d'ailleurs, serait assez téméraire
pour prétendre persévérer dans sa révolte
contre l'Éternel ? L'Éternel n'est jamais vaincu.
L'archange prévaricateur qui avait nom prince
des lumières, Lucifer[2], fut frappé de sa main,
détaché du firmament, et précipité dans le

[1] Matth., XIII, 50.
[2] Is., XIV, 12.

plus profond des abîmes [1]. Ainsi, nous, dont la place est au ciel, où nous devons briller comme d'éclatantes étoiles [2], si nous sommes saints, pécheurs, nous nous verrions entraînés par la queue du dragon [3] dont parle saint Jean, et précipités dans le puits [4] de ces mêmes abîmes; car rien de ce qui aura été moralement désordonné sur la terre ne saurait trouver place dans les cieux.

Soyons donc attentifs, mes frères, à nous conserver ou à nous réintégrer dans l'ordre que Dieu a établi pour nous, par l'exacte observation de sa loi; l'aimant et le servant, comme il entend que nous l'aimions et le servions en ce monde, pour mériter de l'aimer et de le glorifier éternellement dans le ciel, que je vous souhaite. Au nom du Père, et du Fils, et du Saint-Esprit. *Amen.*

[1] Matth., XXV, 41.
[2] 1 *Cor.*, XV, 41 *et seq.*
[3] *Apoc.*, XII, 4.
[4] *Ib.*, IX, 2.

TROISIÈME JOUR

La pratique du christianisme est douce et facile

(Matth., XI, 29, 30.)

Ne craignez point de vous charger du joug de ma
loi ; vous y trouverez le repos de vos âmes ; car mon
joug est doux, et le fardeau que j'impose est léger.

Nous l'avons prouvé hier, mes frères : pour
correspondre aux vues de l'éternelle providence de Dieu sur nous, il ne suffit point
d'être chrétien, il faut aussi pratiquer franchement, loyalement, intégralement, le christianisme. Vous en étiez d'ailleurs convaincus
d'avance, car plus d'une fois votre conscience

5.

vous a fait le reproche de ne point suivre en
tout les enseignements de la foi. Alors vous
avez cherché à vous faire illusion à vous-mêmes, sous prétexte que la religion de Jésus-
Christ est trop parfaite pour vous, trop sévère
pour votre âge, incompatible avec votre position sociale ; que sais-je ? Il n'est point d'erreur
que le démon n'offrît à votre imagination
pour vous éloigner de la salutaire pratique des
lois de l'Évangile.

Certainement il n'était rien de tout cela ; car
la religion du Christ a été faite pour tout le
monde, pour tous les âges, pour toutes les
conditions [1]. Sans bassesse ni orgueil, elle s'a-
dresse aux rois de la terre, en même temps
qu'elle s'honore de descendre dans la plus
humble chaumière, pour apporter au pauvre
une consolation et le bénir sur son lit de douleur. Elle prend l'homme au berceau, le couvre de sa sollicitude pendant l'enfance, le sur-
veille dans les dangers de l'adolescence ,
l'introduit dans le monde à l'âge mûr, le console dans la vieillesse, lui prodigue les suprê-

[1] Marc., XVI, 15.

mes bénédictions à la mort, et ne le quitte que lorsqu'il est enseveli dans le tombeau. Que dis-je? Elle ne le quitte pas même alors, elle qui a toujours des souvenirs et des prières.

Notre divin Sauveur a donc voulu que sa religion fût la compagne inséparable du chrétien en tout temps, à tous les âges. Or croyez qu'il connaissait la nature de l'homme [1], et qu'il n'a jamais commandé l'impossible. Il a donc fait la religion chrétienne de nature à être praticable à tous, et non-seulement praticable, mais aimable et pleine de douceur.

Car il était la douceur même. La condescendance et la modération faisaient son caractère; lui qui ordonnait de laisser venir à lui les petits enfants [2], qui ne repoussait pas le pécheur [3], qui fit d'un publicain son disciple [4], qui entra dans la maison de Zachée [5]; lui qui n'éteignit point la mèche encore fu-

[1] Job, X, 8.
[2] Matth., XIX, 14.
[3] Luc., XV, 1 *et seq.*
[4] *Ib.*, V, 27.
[5] *Ib.*, XIX, 5.

mante, et ne brisa point le roseau déjà cassé [1].

Ne vous effrayez donc pas, mes frères; l'œuvre de Jésus-Christ est nécessairement douce, facile, aimable. Sa religion est un fardeau, sans doute, mais un fardeau léger, *onus leve* [2]; comme les plumes de l'oiseau qui le chargent en même temps qu'elles l'enlèvent dans les régions étoilées. Elle est un joug, oui; mais un joug plein de douceur, *jugum suave* [3], comme celui que s'impose le cœur aimant à l'égard de l'objet aimé.

Ainsi, la religion de Jésus-Christ, fardeau léger, joug doux et suave, tel est le sujet de ce discours, que nous allons mettre sous la protection de Marie, en invoquant les lumières du Saint-Esprit. *Ave Maria.*

[1] Matt., XII, 20.
[2] *Ib.*, XI, 30.
[3] *Ib.*, *ib.*

Est-ce un rêve? Est-ce une réalité? Je crus entendre les sons d'une voix plaintive; c'était comme la voix d'un homme qu'agitait le remords. Il disait : En effet, je voudrais pratiquer la religion sainte que j'ai le bonheur de connaître, que je vénère, que je professe même au fond du cœur. Dieu m'a donné la foi, il a éclairé mon intelligence, il a déposé dans mon âme le sentiment de mon devoir et le désir de le remplir; mais..... je ne m'en sens pas le courage! A ce mot, je me retourne, et j'aperçois un Français! Je ne pouvais y croire.

D'où vient donc cette contradiction, mes frères? et pourquoi faut-il que tout soit dans l'homme contradiction, quand il est question de l'affaire de son salut? Tel qui, dans toute autre occasion, repousserait avec plus d'énergie, peut-être, que ne le permet la saine morale, je ne dis pas une accusation, mais un simple soupçon de lâcheté, avoue lui-même, quand il s'agit de pratiquer la religion, qu'il manque de courage; et il n'en rougit pas!

Mais, d'ailleurs, qu'est-il besoin de tant de courage, mes frères? Sans doute il en faut quelquefois, lorsque la religion commande des sacrifices héroïques; mais ils ne sont pas de tous les jours, on ne les exige pas de tout le monde. Il en faut, oui, lorsqu'un vieux père, nouvel Abraham, reçoit l'ordre d'immoler son unique enfant en holocauste [1] sur l'autel de la virginité, dans le cloître ou au service des tabernacles du Seigneur; lorsqu'un François-Xavier, nouveau père des croyants, entend la voix de l'Esprit-Saint qui lui dit : Sors de la terre qui t'a vu naître, abandonne tes amis, tes parents et la maison de ton père, et viens en la terre que je te montrerai [2]; lorsqu'un fléau sévit, promenant la désolation et la mort, qu'une épidémie déploie son large drap de deuil et décime le peuple, et que la religion commande à ce pasteur des âmes de rester là, debout, jour et nuit, affrontant le danger en se courbant sur la couche des moribonds, car un bon pasteur donne sa vie pour ses ouailles [3]; lorsque, contrairement aux lois de Dieu, on apporte au martyr une ordonnance sacrilége,

[1] *Gen* , XXII, 2.
[2] *Ib.*, XII, 1
[3] Joan., X, 11.

et que la religion lui dit : Plutôt que d'obéir, courbe la tête et meurs ; car il faut obéir à Dieu plutôt qu'aux hommes [1].

Alors, je l'avoue, il faut du courage pour pratiquer cette loi suprême, mais si glorieuse et pour la religion qui commande et pour le fils qui obéit. Et gloire à Dieu, qui donne la force du combat à ceux qu'il appelle à de si nobles luttes ! Dans de telles épreuves les héros n'ont jamais manqué. Mais, je le répète, de pareils sacrifices ne sont point, n'ont jamais été le partage de tous. Un roi a-t-il donc jamais appelé tous ses sujets à la bataille ? et, même dans le plus fort du combat, le général commanderait-il au premier venu des soldats de voler seul à cette batterie redoutable et d'enclouer le canon qui vomit la mort ?

Que vous importe donc à vous, qui ne vous sentez pas tant de force, que vous importe qu'il faille aussi à la religion ses héros ? Admirez leur dévouement ; faites-vous gloire de leur valeur, vous en avez le droit, car la gloire du soldat c'est la gloire de la patrie ; mais ne crai-

[1] *Act.*, V, 29.

gnez pas! ce n'est point vous qu'on appelle.

En parlant ainsi, mes frères, je ne prétends pas dire qu'il n'y en ait aucun dans cet auditoire à qui la religion ne fasse l'honneur de l'appeler à de grands sacrifices. S'il en est d'ainsi favorisés du Ciel, ceux-là ne feront point l'objection que je cherche à détruire, ceux-là ne manqueront pas de courage. Je dis seulement que ces grandes choses ne sont pas commandées à tous ; que tous vous n'avez pas besoin de vous expatrier comme un François-Xavier, de vous retirer dans le désert comme un saint Antoine, de vous flageller comme un saint Louis de Gonzague, de vous enfermer dans un cloître comme une sainte Thérèse, ni même de tout quitter comme un saint François d'Assise, pour ne plus vous nourrir que du pain de l'aumône ; car le riche peut aussi se sauver, malgré les sévères paroles du Sauveur contre les riches [1].

En effet, dès qu'il les eut prononcées, ses apôtres effrayés, non pour eux-mêmes, mais pour vous, s'écrièrent, en l'interrogeant avec

[1] Luc., XVIII, 25.

étonnement : Qui donc pourra être sauvé [1] ? Et Jésus, jetant sur eux des yeux de condescendance, leur dit : Ce qui est impossible aux hommes est possible à Dieu [2]. C'est-à-dire qu'avec la grâce que Dieu ne refuse à personne, pas même aux riches, ils pourront bien user de leurs richesses, les faire retomber en pluie de bénédiction sur les pauvres, favoriser les bonnes œuvres, les arts, les sciences, les nobles entreprises qui sont aussi dans l'ordre de la Providence, et qu'ils seront sauvés.

Et, de fait, nous connaissons plusieurs saints dont le Seigneur a déjà daigné manifester la gloire dont ils jouissent dans le ciel, et qui furent riches : Saint Louis, roi de France, par exemple, sainte Élisabeth de Hongrie, saint Charles Borromée et tant d'autres. Et nous avons la confiance que beaucoup de riches que nous connûmes règnent avec eux dans le ciel, car ils semblent n'avoir été riches que pour faire du bien. En un mot, pour les riches comme pour les pauvres, pour les

[1] Luc., XVIII, 26.
[2] Ib., XVIII, 27.

grands et les puissants du monde comme pour les faibles et les humbles, Jésus-Christ a des conseils et des préceptes. Les conseils sont pour l'élite de ses élus, pour les héros de la religion, pour les grands saints; les préceptes seulement sont pour tous, et ils ne sont pas difficiles.

Heureux, dit le Sauveur... Qui donc? Les pauvres de fait? Il ne dit point cela. Heureux, dit-il, les pauvres en esprit, *beati pauperes spiritu,* et le royaume des cieux est à eux, *quoniam ipsorum est regnum cœlorum*[1]. C'est-à-dire : heureux ceux qui n'ont point le cœur attaché à la matière, mais qui, tout en usant bien de leurs richesses, conservent leur cœur uni à Dieu. Car votre cœur, sachez-le bien, il le veut tout entier, il en est jaloux, il ne souffrira point de partage.

Aimez donc le Seigneur, mes frères, aimez-le de tout votre cœur, de toute votre âme, de tout votre esprit : voilà la loi. En deux mots, c'est le résumé de la religion tout entière, comme nous le ferons voir demain. Direz-vous

[1] Matth., V. 3.

que c'est difficile? Ah! s'il en est ainsi, vous ne connaissez pas Dieu!

Oui, direz-vous, mais la religion est triste. Triste! et sur quelle caricature avez-vous donc copié son image? Il est vrai que je la vis un jour crayonnée sur l'un de vos albums; mais je ne l'aurais pas reconnue si l'on n'eût écrit dessous son nom, et ce nom était un blasphème. Car on avait représenté une vieille femme, au front sévère et ridé, impitoyable dans ses caprices de dévotion, décharnée par une continuelle pénitence, couverte de haillons, ennemie de toute joie, fuyant la compagnie des hommes, et se consumant de mélancolie. Certes! si telle était la religion, mes frères, il en est peu, je le conçois, qui pussent s'en accommoder. Il en est qui diraient avec quelque apparence de raison : Avant que de nous engager à passer les restes de toute la vie avec une pareille compagne, attendons encore, attendons aussi d'être vieux.

Mais combien l'on vous a trompés, mes frères! La religion est, au contraire, pleine de grâce et de douceur; l'âge n'a point ridé son front. A la sagesse d'une longue expérience elle unit la fraîcheur d'une perpétuelle jeunesse. La dévotion qu'elle inspire n'est à charge à personne; elle en modère les pratiques suivant les diverses conditions de la vie. Elle a des conseils pour la vieillesse, d'autres pour l'âge mûr, d'autres pour le jeune âge. De la mère de famille elle n'exige point ce qu'elle demande à la pieuse vierge du cloître. Avec elle, le guerrier n'aura pas lieu de rougir, le magistrat sera plus respectable, l'homme de lettres mieux inspiré, le marchand plus prudent, d'autres diront plus heureux. Elle parle au pauvre et le console; pour le riche, elle a aussi des paroles de paix et de salut; en un mot, elle se fait si bien toute à tous[1], qu'elle gagne le cœur de tous ceux qui la connaissent; ne craignez donc point de l'approcher.

Il est vrai qu'elle ne saurait souffrir que pour grossir vos trésors ou pour égayer vos loisirs, vous attentiez à la fortune du prochain, ou vous offensiez la pudeur. Mais l'homme n'est pas réduit, je pense, à puiser dans le crime tout plaisir et tout délassement; car elle ne vous défend

______

[1] *1 Cor.*, IX, 22.

absolument, remarquez-le bien, que le mal. Et
s'il est quelques plaisirs qui soient en soi légitimes et qu'elle se voie forcée de vous inter-
dire, ne l'en accusez pas. Ce n'est pas elle qu'il
faut appeler cruelle, c'est l'ennemi qui a mêlé
le poison au doux breuvage qui vous tuerait;
c'est le serpent qui s'est glissé sous le gazon
émaillé de fleurs, et qui s'apprête à vous lan-
cer son perfide venin. La religion vous avertit;
quelquefois même, avec l'autorité d'une tendre
mère, elle vous défend de toucher à la coupe
traîtresse, de mettre le pied dans un terrain
dangereux. Ah! ne l'insultez pas pour sa tendresse; tournez plutôt votre indignation contre
ceux qui, en corrompant vos plaisirs, vous les
interdisent bien plus que la religion qui vous
laisserait libres, s'ils n'offensaient point la
pure morale.

Est-ce sa faute à elle, si les théâtres, et
principalement nos théâtres français, sont de-
venus presque tous l'école du libertinage et du
vice? N'a-t-elle pas fait tout ce qu'elle a pu
pour l'empêcher? Est-ce sa faute à elle, si la
plupart de nos romanciers ne savent plus faire
de la fiction sans mêler à leurs séduisants ta-

bleaux des scènes qui font frissonner une mère prudente quand elle trouve tel et tel livre entre les mains de son enfant? des livres dont les fils d'Hippocrate ont besoin de tenir compte pour s'expliquer les causes des symptômes désorganisateurs qui font languir cette fleur qui se fane avant le temps! Est-ce sa faute à elle, si dans les joyeuses réunions de la jeunesse, vos filles et vos femmes sont obligées de laisser là toute modestie et de faire rougir la pudeur?

Non, mes frères, je le répète, la religion n'est ennemie ni des plaisirs, mais innocents ; ni des réunions joyeuses, mais modestes ; ni des entreprises glorieuses, savantes, commerciales, mais justes et respectant la vérité ; ni des honneurs, ni des richesses, pourvu qu'on les possède sans y attacher son cœur, qui ne doit appartenir qu'à Dieu.

Quant à la partie négative de la législation chrétienne, c'est-à-dire quant à ce que la religion défend, il est donc impossible de la trouver difficile et sévère. Pour l'observer, il suffit..., le dirai-je? oui, car c'est la vérité : il suffit d'être parfaitement honnête homme.

Vient ensuite, il est vrai, la partie positive,

c’est-à dire ce qu’elle ordonne. Or il faut encore ici distinguer les conseils du précepte. Les conseils, je l’ai déjà dit, ne sont pas également pour tous, et rien n’est plus facile, vraiment, que d’accomplir ce qui est absolument de précepte.

Car, enfin, vous oblige-t-on, mes frères, à veiller chaque nuit pour réciter l’office comme les moines? à vous couvrir de cilices ou à vous flageller jusqu’au sang? à jeûner chaque jour? à réciter d’interminables prières? mais on ne vous oblige pas même à entendre chaque jour la sainte messe! Que vous dit-on à tous sans exception? d’élever de temps en temps votre cœur à Dieu, pour reconnaître son autorité suprême, et pour le prier de subvenir à vos besoins. Est-ce trop? A cette fin, l’admirable prière que le Sauveur lui-même a daigné nous dicter est-elle trop longue? On vous commande de professer quelquefois de bouche ce que votre cœur doit professer toujours : votre foi, votre espérance, votre amour de Dieu. Or il suffit pour cela de quatre paroles. Une fois la semaine, une seule fois, vous devez vous présenter au temple du Seigneur pour assister au renouvellement du sacrifice adorable qui nous a tous sauvés ; une fois l'année, une seule fois, vous devez vous disposer à recevoir dignement le sacrement d'amour que, si vous en connaissiez toute la douceur, vous voudriez recevoir chaque jour. Ainsi de quelques autres préceptes. Est-ce là ce qu'on appellerait difficile? Mais il faudrait alors changer la signification des termes.

L'Église, il est vrai, comme une sage mère qui élève ses enfants avec amour, mais sans les laisser se corrompre par la mollesse, exige de nous quelques légères pénitences, qui nous rappellent que nous marchons ici dans la voie des épreuves, vers le séjour des jouissances réelles dans l'autre vie. Mais si elle nous conseille de nous fortifier par le rude exercice de la pénitence comme de vaillants athlètes[1] pour remporter de glorieuses couronnes, elle sait qu'il y a dans le ciel divers degrés de gloire[2] qui n'exigent pas tant de rigueur. Oh ! la rude pénitence que celle de

---

[1] Matth., IV, 17.
[2] Joan., XIV, 2.

vous abstenir de loin en loin de l'usage de
quelques viandes, par exemple, tandis qu'on
vous laisse la faculté de couvrir votre table de
mille mets divers, à tel point que le riche peut
encore dépasser les bornes de la modération,
et pécher, d'ailleurs, par excès de délicatesse,
tout en observant la lettre de la loi ! Encore,
qui ne sait que, dans cette partie de sa législation, l'Église est pleine de condescendance;
qu'il suffit d'une cause raisonnable pour qu'elle
en modère la rigueur, en cédant à notre faiblesse?

Où est donc la tyrannie de l'Église, la difficulté des préceptes de l'Évangile, la tristesse
de la loi du Christ? En réalité, mes frères, tout
cela n'existe que dans une imagination troublée, ou par le fait de l'ignorance même de
cette loi, ou par la volonté arrêtée d'avance de
satisfaire les mauvaises passions, de faire le
mal; ce que la religion sainte que nous avons
l'honneur et la gloire de professer ne per-
mettra jamais, sous aucun prétexte.

La loi de Dieu, difficile et pénible! Interro-
gez donc ceux qui l'observent; ils vous répondront tous qu'elle est au contraire légère,

qu'elle est un joug doux et suave. Je ne dis plus qu'un mot pour recueillir leurs témoignages.

Il est un phénomène unique dans le monde, mes frères, celui d'entendre des hommes se plaindre de l'intolérable pesanteur d'un fardeau qu'ils ne touchent point du bout du doigt, tandis que ceux qui le portent chaque jour, le trouvent léger; qu'ils vont gaiement dans la voie qui leur est tracée, en chantant les louanges du maître et en lui rendant des actions de grâce. Au lieu de murmurer contre lui, ils le bénissent, et ils s'écrient quelquefois : Encore plus, Seigneur, encore plus !

C'est qu'en effet, mes frères, quand on a goûté les délices qu'entraîne avec soi le service du Seigneur, le cœur est tellement satisfait, l'âme est tellement remplie de consolation, que rarement on s'arrête à ce qui est de la stricte obligation de la loi. Et si l'on est assez généreux pour dépasser les limites de la vie commune, on nage dans un océan de paix, et l'on jouit du bonheur sur la terre, autant que sur la terre l'homme est susceptible de bonheur. Et c'est ainsi que nous voyons s'accomplir à la lettre, les prophétiques paroles de notre bon Maître : *Tollite jugum meum super vos... et invenietis requiem animabus vestris*[1]. Ne craignez point de vous charger du joug de ma loi, vous y trouverez le repos de vos âmes.

Quand on réfléchit aux ineffables opérations de la grâce sur la conduite des âmes, il est en quelque sorte possible de comprendre ce mystère. Mais laissons en ce moment les considérations mystiques pour aller droit au fait. Car, enfin, ou bien le témoignage des hommes n'est plus un motif infaillible de jugement, ou bien il est certain (car nous avons des milliers et des milliers de témoins, et ces témoins sont des saints de tous les âges et de toutes les conditions), il est certain, dis-je, que plus on pratique la loi de Jésus-Christ, plus on la trouve douce, plus on la trouve belle, plus on l'aime. Or là où règne l'amour, il n'y a point de travail, dit saint Augustin; ou, s'il y a travail, on

____
[1] Matth., XI, 29.

s'y délecte : *Ubi amatur non laboratur, vel si laboratur, labor amatur.*

Cependant, voici qui est plus merveilleux encore ; qui vous étonnera sans doute, mes frères, si vous n'en avez jamais été témoins : c'est que le bonheur qu'on éprouve de suivre la loi de Jésus-Christ se rencontre surtout dans l'observance de la perfection de cette loi ; dans les conseils évangéliques dont la seule proposition vous fait frémir, et dans lesquels tant de saints ont trouvé d'ineffables délices. Ils nous l'ont dit eux-mêmes, pourrions-nous ne pas les croire ?

Oui, dans la pauvreté volontaire, dans la chasteté parfaite, dans l'obéissance absolue, dans les mortifications de la chair, dans les humiliations, dans les afflictions, dans les croix, les saints ont trouvé le bonheur.

Le monde qui ne comprend rien, qui ne peut rien comprendre à tout cela, se figure que ceux qui ont choisi cette part de l'héritage précieux que Jésus-Christ nous a laissé dans son divin testament, ou bien n'ont pas été libres, ou bien sont des insensés. Des insensés ! Oui, sans doute, comme le fut celui qui mourut sur une croix pour sauver le monde. Car nous prêchons Jésus-Christ crucifié, dit saint Paul, qui fut aux Juifs un scandale, et une folie aux yeux des Gentils [1].

Ils n'étaient pas libres! Qui donc entravait leur liberté? Demandez-le à un saint Thomas d'Aquin, l'honneur et la gloire de l'école? Qui s'opposait à sa volonté? L'Église, ou bien sa mère et ses frères encore aveuglés par le démon, qui poussèrent leur opposition jusqu'à user d'un indigne stratagème pour essayer de l'é-branler? Demandez-le à une sainte Thérèse, à un saint Louis de Gonzague et à tant d'autres que je pourrais citer, à qui le monde offrait tout ce qu'il a de plus délicieux, et qui n'ont pas voulu du monde. Ils lui ont préféré la croix; eh! qu'ils ont bien choisi!

Demandez-le à cette foule de pieuses vierges qui se sont volontairement séquestrées du monde pour mieux jouir du bonheur de servir l'époux de leurs âmes, le doux Jésus. Elles vous répondront en chœur qu'elles se plaisent dans le sacrifice qu'elles ont fait de leur for-

______
[1] *I Cor.*, 1, 23.

tune, de leur position sociale, des plaisirs du siècle auxquels elles auraient pu légitimement participer comme vous; qu'elles se trouvent belles sous leur robe de bure; qu'elles préfèrent leur table frugale à l'abondance et au luxe de vos festins royaux. Et s'il en est quelqu'une dans le nombre qui pousse un soupir de regret sur son sort, c'est que ce n'est pas elle qui a choisi la perfection que vous lui avez imposée peut-être vous-même, et non pas Jésus-Christ.

L'Église, en effet, n'a jamais approuvé qu'on violentât les consciences. Anathème, a-t-elle toujours dit, à ces parents cruels qui, pour favoriser un fils de famille, jettent dans le cloître ou lancent dans le sanctuaire le trop plein de leurs enfants! Ceux-ci sont malheureux, c'est vrai, ils ont été violentés, ils n'ont pas été libres. Mais qui les a trompés? Des parents coupables, qui ont trahi l'Église et la religion de leurs enfants en leur imposant une vocation qui ne venait pas de Dieu ; en les forçant d'embrasser la perfection de la loi, tandis qu'ils ne voulaient, et ils en avaient le droit, qu'ils ne voulaient, dis-je, que suivre la voie commune.

Au reste, s'il fut une époque où ce désordre

fut commun parmi nous, ce n'est point le défaut de notre siècle. Nombreuses, au contraire,
sont aujourd'hui les personnes qui gémissent
dans le monde et qui s'y trouvent malheureu-
ses, parce que des parents cruels les forcent
d'y rester, malgré l'attrait divin qui les pousse
à la jouissance de la retraite, des mortifications,
des croix. Le monde leur est insupportable,
ses plaisirs les fatiguent, elles ne respirent
point à leur aise dans cet air corrompu, trop
pesant pour la délicatesse de leur cœur pur.
Vous les y retenez par force, pères et mères
aveuglément amoureux de vos enfants, vous
les tyrannisez sous prétexte de tendresse, et
la religion proteste en faveur de leur liberté.

Ainsi donc, mes frères, ne violentons rien ;
que chacun reste à sa place et suive la loi
du Christ selon sa vocation ; que tous observent les préceptes, et qu'ils embrassent de la
perfection ce que leur inspirera l'Esprit-Saint,
et tous éprouveront la vérité de la parole du
Maître : Mon joug est doux, et le fardeau que
j'impose est léger.

A ce témoignage unanime de tous ceux qui
servent réellement et volontairement le Sei-

gneur, ajoutons le témoignage non moins frappant de la plupart de ceux qui ne le servent point. Je dis la plupart, parce qu'il peut se faire qu'il y ait des hommes assez malheureux pour avoir étouffé jusqu'au dernier cri de la conscience, et qui se persuadent, dans leur enivrement, qu'en dehors de la religion ils jouissent de quelque joie. Il est difficile cependant que leur fausse sécurité ne soit pas enfin troublée. Vous les verrez colères, emportés, furieux pour la moindre contradiction, abattus au premier revers; un malheur les jette dans le désespoir.

Approchez de la couche du malade dont les yeux à demi éteints refusent de se poser doucement sur la consolante image d'un Dieu mort pour nous sur la croix. Il se plaint d'abord comme un enfant; cet homme, qu'on aurait cru plein d'énergie, pleure comme une femmelette. Mais si la dernière heure approche et qu'il le soupçonne, car on ose à peine l'en avertir, il se trouble, il s'inquiète, il blasphème; et ce trouble et ces blasphèmes redoublent ses douleurs et accélèrent quelquefois sa mort.

Au contraire, cette jeune et pieuse vierge,

qui semble n'avoir de force que pour souffrir, reste calme et paisible. Vous la voyez, le sourire sur les lèvres, les yeux amoureusement fixés sur l'image de Jésus et de Marie, entre les bras desquels elle va s'endormir. Sa bouche murmure encore un son paisible et doux, c'est une prière de confiance, qui rappelle le cantique du prophète quand il disait : Je me suis réjoui à la nouvelle que nous irons bientôt dans la maison du Seigneur[1].

Voyez cet homme sans religion. Au sein de ses trésors, habitant de somptueux édifices, dans ses parcs et ses jardins, au milieu de ses parties de plaisir, il n'est pas content. Il en est, et vous connaissez le monde, vous savez qu'ils sont nombreux, il en est qui, dans le tourbillon des distractions et des fêtes, se meurent d'ennui et de dégoût. Ils prolongent les nuits pour que le jour s'écoule plus vite, et cependant ils n'ont pas vu, dans un an, le soleil se lever deux fois.

Et voilà que cette pieuse bergère, nouvelle Geneviève, a devancé l'aurore pour prier. Sa

____
[1] *Ps.*, CXXI, 1.

prière finie, elle se relève rayonnante de joie, fait un signe de croix sur le morceau de pain bis qui lui servira jusqu'au soir d'unique nourriture, et marche contente à la suite de son paisible troupeau, en chantant de pieux cantiques; heureuse de trouver sur ses pas une fleur des champs qui lui rappelle les richesses du Créateur [1].

Et cette femme mondaine! comment a-t-elle pu oublier ses premiers devoirs de mère, jusqu'à livrer son jeune enfant aux mains d'une mercenaire nourrice ? La voilà qui rentre bien avant dans la nuit, sans avoir un baiser à déposer sur le front de son fils, qui s'est d'ailleurs endormi sur le sein de l'étrangère! Ah ! c'est qu'elle a vu se rompre la trame de ses intrigues, sa rivale l'a vaincue; elle est furieuse, elle sèche de dépit !

Pendant ce temps une autre femme était assise au centre d'une glorieuse couronne d'enfants bénis [2], qu'elle embrassait doucement après avoir fini la prière commune, dans la-

---

[1] Matth., VI, 29.
[2] Ps., CXXVII, 5.

quelle ils ont demandé à Dieu des jours longs et heureux pour leur tendre mère.

Eh bien ! mes frères, répondez vous-mêmes. Où se rencontrent la paix du cœur, les joies de la famille, le repos de nos âmes, le bonheur ? Est-ce dans le monde ou dans la religion ? Où se trouvent le dégoût, la tristesse, les ennuis, le désespoir ? Dans la religion ou dans le monde ? Je parle du monde sans religion, car avec la religion, dans l'exacte observation de ses devoirs, des préceptes au moins de l'Évangile, et surtout si l'on a le courage d'ajouter la pratique de quelques conseils, on peut aussi être heureux dans le monde ; je l'ai prouvé plus haut. Que reste-t-il à conclure ?

Concluons, mes frères, que la parole du Seigneur est véritable ; que, même dans ce monde, la source des véritables consolations est dans la pratique de la religion du Christ. Que cette religion est donc un joug aimable et doux, tandis qu'il est si facile de la pratiquer.

Facile dans ses préceptes négatifs, qui se résument dans la prohibition du mal; qui ne sont que l'admirable complément des lois de la morale naturelle que tout homme d'honneur doit respecter. Facile dans ses préceptes positifs pour l'observation desquels elle a tant de condescendance. Facile même dans ses conseils. pour ceux qui les embrassent avec foi et amour.

Aimez-la donc cette religion, mes frères: aimez-la, car là où se trouve l'amour il n'y a point de peine, avons-nous dit avec saint Augustin. Aimez, et faites ce que vous voudrez. s'écrie le même saint : *Ama et fac quod vis.* Qu'est-ce à dire? Est-ce qu'en aimant Dieu je pourrais faire le crime? A Dieu ne plaise! il y aurait contradiction. Aimez Dieu, aimez la sainte religion qu'il nous a donnée par son Fils adorable, et faites ce que vous voudrez, car vous ne voudrez alors que ce qui est bon. Aimez, et faites ce que vous voudrez, parce que vous voudrez tout ce qui est de votre devoir, selon votre vocation et quel que soit votre état dans le monde. Et tout cela, vous le ferez, non par contrainte, mais par amour; non pas

seuls, mais avec Jésus-Christ, qui vous aidera
par sa grâce, ainsi qu'il nous l'a promis[1]. Et
nous avons vu qu'il est fidèle dans ses promesses; nous en avons le témoignage de tous les
saints. Ainsi vous le ferez sans peine, avec joie,
avec délice, avec bonheur, et ce bonheur sur la
terre ne sera qu'un avant-goût du bonheur que
vous méríterez pour le ciel, que je vous
souhaite, au nom du Père, du Fils et du Saint-
Esprit. Ainsi soit-il.

[1] Matth., XI, 28.

QUATRIÈME JOUR

La religion Chrétienne se résume dans la Charité.

Deus Charitas est, et qui manet in Charitate in Deo manet, et Deus in eo.

(I Joan., IV, 16.)

Dieu est Charité, et celui qui reste dans la Charité demeure en Dieu, et Dieu demeure en lui.

Mes frères, il arriva qu'un jour les Pharisiens, ayant entendu dire que notre divin Sauveur avait confondu les Saducéens, se rassemblèrent pour l'éprouver de nouveau, et l'un d'eux, prenant la parole, l'interrogea en ces termes · Maître, quel est le plus grand commandement de la Loi[1]? Et Jésus daigna

[1] Matth., XXII, 36.

répondre par cette admirable parole qui renferme l'esprit de la doctrine entière qu'il nous a prêchée; il dit : Le premier et le plus grand des commandements, le voici : Vous aimerez le Seigneur votre Dieu de tout votre cœur, de toute votre âme et de tout votre esprit; or voici le second, qui est semblable à celui-là : Vous aimerez votre prochain comme vous-même. Dans ces deux commandements sont renfermés toute la Loi et les prophètes[1].

La voilà donc, mes frères, cette loi du Christ réduite à sa plus simple expression; cette loi que je m'efforçais hier de vous représenter comme étant beaucoup moins difficile à pratiquer qu'on ne se le figure quelquefois, et que vous trouveriez sans doute aimable aujourd'hui si je parvenais à vous faire comprendre qu'elle n'est qu'une loi d'amour.

Amour, charité, telle était la vertu qui dominait déjà toute la loi de Moïse et des prophètes[2]. Or le doux Jésus l'a tellement relevée, tellement perfectionnée dans sa loi nouvelle,

[1] Matth., XXII, 37 et seq.
[2] Deut., VI, 5, et Lev., XIX, 18.

que celle-ci a pu être appelée, en toute vérité, loi de grâce et d'amour, en opposition à la première, qu'on a nommée loi de rigueur et que saint Pierre a même appelée un joug insupportable[1]. Que dis-je? le principe de la charité a revêtu, dans la loi nouvelle, une forme si séduisante et si absolue, que la Vérité même a pu l'appeler un précepte nouveau · *Mandatum novum do vobis*[2].

Le but de ce discours, mes frères, est de vous démontrer que la religion chrétienne, c'est la charité et pas autre chose. Charité dans son institution, charité dans sa continuation sous la sauvegarde de l'Église ; c'est tout mon sujet.

Mais comment parler de charité, si le cœur n'est point brûlant d'amour? Et comment comprendre des paroles d'amour, si l'on n'a pas dans le cœur le commencement au moins de la charité? Et pour vous et pour moi, implorons donc l'Esprit-Saint pour qu'il daigne déposer dans notre âme une étincelle du feu sacré qui

---

[1] *Act.*, XV, 10.
[2] Joan., XIII, 54.

nous dispose à recevoir avec fruit ses divines inspirations et ses divins enseignements. Et mettons cette invocation sous la protection de la glorieuse et immaculée Vierge Marie. *Ave, Maria.*

* * *

Que la loi de l'Évangile, telle qu'elle est sortie de la bouche sacrée de notre divin Sauveur, soit une loi toute d'amour et de charité, est-il besoin de le démontrer, mes frères, devant une assemblée de chrétiens qui se sont familiarisés avec la connaissance de nos livres saints? Est-il besoin de raisonnement pour prouver que le soleil nous éclaire en plein midi? Ouvrez donc l'Évangile, et voyez. Et si vous avez des yeux forts comme ceux de l'aigle, contemplez-le en face; je n'ai qu'une crainte, c'est que vous ne soyez éblouis.

Ouvrez l'Évangile, dis-je, ouvrez-le au hasard, et je vous défie de tomber sur une page qui ne soit tout empreinte de charité. Et si votre foi est grande, si le don de l'intelligence et celui de l'interprétation vous ont été donnés, il n'est pas un mot, non, pas un mot, qui ne vous apparaisse tout resplendissant de charité. La charité est tellement de l'essence de l'Évangile, que celui qui voudrait protester contre cette admirable vertu devrait commencer par lacérer les pages sacrées.

Oh! non, divin Jésus, non, nous ne les déchirerons pas. Nous les conserverons, au contraire, avec une scrupuleuse vigilance, pour qu'il n'en disparaisse pas un iota, lequel aussi est un élan d'amour; et nous ferons de la sainte parole notre nourriture spirituelle de chaque jour, afin de nous pénétrer de l'esprit qui la dicta aux apôtres qui eurent le bonheur de l'entendre sortir de votre bouche divine.

Est-il étonnant, en effet, qu'indépendamment des quatre livres du saint Évangile, tous les écrits des apôtres, tels que l'histoire de leurs actes, leurs épîtres, et jusqu'à leurs prophétiques révélations, soient tout brûlants du feu de la charité, quand ils eurent le bonheur de se trouver si près de cette fournaise d'amour? Dix-huit siècles se sont écoulés, et notre cœur frémit, tressaillant d'émotion, quand

7.

nous lisons ce qu'ils ont eu le privilége de voir de leurs yeux, d'entendre de leurs oreilles.

Aidez-nous de vos pinceaux, ô Luc! afin de pouvoir contempler la douce majesté de mon Sauveur; et vous, Jean, faites-nous part des sentiments que vous puisâtes sur le sein de Jésus, afin de pouvoir comprendre ses discours; cet admirable sermon, par exemple, qu'il fit après la Cène, et dont chaque parole est un mystère de charité.

Et sublevatis oculis in cœlum dixit[1] : Et voilà que, levant les yeux au ciel, il dit : ..... Mais quelles paroles choisir dans cette prière de feu, que je ne puis citer ici dans sa longueur? Prenons au hasard : O mon Père! sanctifiez-les dans la vérité, car votre parole, c'est la vérité même.... Qu'ils soient unis ensemble, et ne fassent tous qu'un, comme vous, ô mon Père! vous êtes en moi, et moi en vous. Qu'ils soient ainsi un en nous..... *sanctifica eos in veritate.....* et le reste[2].

L'amour, c'est l'union, et c'est ainsi que

[1] Joän., XVII, 1.
[2] Ib., XVII. 17 *et seq.*

Jésus veut que nous soyons unis à Dieu par la vérité, par la sainteté, par la charité ; et entre nous par cette même charité, en prenant pour exemple ni plus ni moins que l'ineffable union qui le fait un avec son Père. L'amour, c'est le feu sacré, et Jésus a dit ailleurs : Je suis venu porter le feu sur la terre, et que désiré-je, sinon qu'il brûle[1]? L'amour, c'est la compassion pour celui qui souffre, et Jésus a dit : Si quelqu'un a soif, qu'il vienne à moi et qu'il boive[2]. Je suis la fontaine de vie, et celui qui boira de mon eau, n'aura plus soif[3]. C'est moi qui suis le pain vivant descendu du ciel. Vos pères ont mangé la manne dans le désert, et ils sont morts ; mais celui qui mangera de ce pain, vivra de la vie éternelle[4]. Et c'est ainsi qu'il promettait, comme il l'institua plus tard, l'adorable sacrement de l'Eucharistie, le chef-d'œuvre de son amour.

Et puis, voyez-le, nourrissant du pain des miracles ceux qui étaient venus l'entendre,

[1] Luc., XII, 49.
[2] Joan., VII, 37.
[3] Ib., IV, 11 et seq.
[4] Ib., VI, 48 et seq.

par cela seul qu'ils avaient à faire un long chemin avant que de trouver de quoi se rassasier [1] ; et cette foule d'aveugles, de boiteux, de paralytiques, de sourds, de muets guéris [2] ; et ces enfants qu'il commande de laisser venir à lui [3] ; et cette femme infirme qui fend la foule pour toucher le bord de sa robe et qu'il ne veut pas qu'on repousse [4] ; et les pécheurs, eux-mêmes, dont il se laisse approcher [5]. Lui, la sainteté même, ne repousse pas le pécheur ; car il n'est pas encore venu pour juger le monde, mais pour le sauver [6]. Le jour viendra où il fera l'office de juge [7], mais sur la terre il ne veut être que miséricordieux. Je ne suis pas venu appeler le juste, mais le pécheur, dit-il [8]. Il a poussé si loin cette condescendance, qu'il s'est laissé appeler l'ami des pécheurs [9].

[1] Matth., XV, 34.
[2] *Ib.* IV, 25.
[3] *Ib.*, XIX, 14.
[4] *Ib.*, IX, 20.
[5] *Ib.*, IX, 11.
[6] Joan., XII, 47.
[7] Matth., XXIV, 30.
[8] *Ib.*, IX, 13.
[9] Luc., VII, 34.

Et comme les Pharisiens murmuraient de sa conduite[1], il leur répondit par la touchante parabole du bon pasteur, qui laisse là les brebis fidèles pour courir après la brebis perdue, et la porter sur ses épaules au bercail[2]. Aussi parle-t-il doucement à la Samaritaine[3], il ne condamne pas la femme adultère[4], et Magdelaine trouve à ses pieds un redoublement de l'amour qui lui avait obtenu le pardon de ses péchés[5]. On l'insulte, il ne répond point[6]; plus tard, il priera pour ses bourreaux[7]. On lui refuse l'entrée d'une ville de Samarie; va-t-il appeler le tonnerre à sa vengeance? Ses apôtres le lui conseillent; ils veulent faire descendre le feu du ciel, comme fit Élie sur la milice d'Ochosias[8]; mais Jésus les arrête et leur dit : Vous ne savez point de quel esprit vous

[1] Luc., XV, 5.
[2] *Ib.*, XV, 2.
[3] Joan., IV, 7 *et seq.*
[4] *Ib.*, VIII, 10.
[5] Luc., VII, 37 *et seq.*
[6] Is., LIII, 7.
[7] Luc., XXIII, 34.
[8] IV *Reg.*, I, 10 *et seq.*

êtes[1]. Ils devaient apprendre que l'esprit de l'Évangile est un esprit de patience, de douceur, de miséricorde, de paix.

Je n'en finirais point, mes frères, si je voulais citer tous les passages de l'Évangile où notre divin modèle nous donne l'exemple et le précepte de la charité[2]. C'est l'Évangile entier qu'il faudrait rapporter, et quand j'aurais fini de le traduire d'un bout à l'autre, je n'aurais point pour cela fini de raconter tout ce que le Seigneur a fait dans son amour pour nous, pendant les seules années qu'il vécut sur la terre ; car le saint évangéliste Jean avoue lui-même, à la fin de son Évangile, que Jésus a opéré bien plus de merveilles qu'il n'y en a d'écrites ; et s'il fallait les rapporter en détail, dit-il, je ne pense pas que le monde entier pût contenir ce qu'il faudrait de livres[3].

Au reste, depuis l'instant de son incarnation, qui fut l'effet du seul amour d'un Dieu pour nous, jusqu'à celui du sacrifice qui en fut le

[1] Luc., IX, 54, 55.
[2] Joan., XIII, 15.
[3] Ib. XXI, 25.

complément, tout ne fut en lui qu'un excès de
charité. Car Dieu a si fort aimé le monde, dit
l'apôtre saint Jean, qu'il résolut de lui donner
son Fils unique[1]. Et le Fils répondit : Me voici,
Ecce venio, pour faire, ô Dieu ! votre volonté[2].
Cette volonté sainte, pour notre amour il l'accomplira jusqu'à la fin. S'il est possible, ô
mon Père ! s'écrira-t-il un instant, que ce calice
s'éloigne loin de moi[3] ! Mais il ajoute incon-
tinent après : Cependant que votre volonté s'accomplisse, et non pas la mienne[4]. Pour notre
amour, il se livra donc pour nous[5] ; il devint
l'opprobre des hommes et le mépris du peuple[6] ; il se laissa couvrir de blessures pour
effacer nos iniquités[7] ; il s'humilia et obéit jusqu'à la mort, et jusqu'à la mort de la croix[8].

La Charité de Jésus ! qui pourra se lasser
de l'admirer ? qui pourra jamais parvenir à la

[1] *Joan.*, III, 16.
[2] *Hebr.*, X, 9.
[3] Matth., XXVI, 39.
[4] *Ib.*, XXI, 39.
[5] *Gal.*, II, 20.
[6] *Ps.* XXI, 7.
[7] Is., LIII, 5.
[8] *Philipp.*, II, 6.

comprendre? Qu'est-ce donc qui vous tenait attaché à ce bois infâme, ô mon adorable Sauveur? Les passants blasphémaient, ils branlaient la tête et disaient : Si tu es le Fils de Dieu, descends donc de la croix[1]. Ils blasphémaient, oui, car ils auraient dû vous connaître et adorer sans comprendre. Mais enfin, puisqu'ils étaient aveuglés, car les bourreaux ne savaient point ce qu'ils faisaient[2], n'avaient-ils pas quelque raison de parler ainsi? Qu'est-ce donc, ô bon Jésus! qui liait vos pieds et vos mains sacrés? Les clous dont on les avait inhumainement percés? Non, certes. Quoi donc? Quoi, mes frères? Son amour pour nous. Pour notre amour, il voulut rester sur la croix; pour notre amour, il a versé jusqu'à la dernière goutte de son sang.

Pardonnez-moi d'avoir été si long pour démontrer ce qui n'a pas besoin de preuve : la charité qui respire dans l'Évangile et qui enfanta la religion chrétienne. Plus utile serait-il d'insister sur cette autre vérité, à sa-

[1] Matth.. XXVII, 40.
[2] Luc., XXIII, 34.

voir : que la religion chrétienne a toujours continué d'être une religion d'amour et de charité. Je vais tâcher de le prouver dans la seconde partie de ce discours.

———

Simon, fils de Jean, m'aimez-vous plus que les autres[1]? demandait à Pierre le Sauveur Jésus, alors qu'il avait déjà revêtu sa forme glorieuse, près qu'il était de remonter au ciel. Pierre lui répondit : Seigneur, vous le savez, oui, je vous aime[2]. Jésus lui dit : Pais mes agneaux. *Pasce agnos meos*[3]. Mais il l'interrogea de nouveau : Simon, fils de Jean, m'aimez-vous? Oui, Seigneur, je vous aime, et vous le savez bien[4], dit Pierre. Pais mes agneaux, lui répéta le Sauveur. Mais voilà qu'il l'inter-

[1] Joan., XXI, 15.
[2] *Ib.,.ib.*
[3] *Ib., ib.*
[4] *Ib.,* XXI, 16.

roge une troisième fois, et lui dit : Simon, fils de Jean, m'aimez-vous[1]? A cette troisième interrogation, Pierre ne put s'empêcher de tomber dans une sainte tristesse et dans l'abattement. Le cœur plein d'émotion, et se rappelant peut-être sa chute passée, craignant que Jésus ne trouvât encore dans son âme quelque défaut à l'amour dont il se sentait cependant embrasé, les larmes aux yeux, mais plein de confiance, il répondit : Seigneur, vous connaissez toutes choses, ah ! vous le savez bien, oui, Seigneur, je vous aime[2]. Jésus lui dit alors : Pais mes brebis. *Pasce oves meas*[3].

Ne semble-t-il pas, mes frères, qu'avant de confirmer irrévocablement Pierre au sommet de l'épiscopat, avant de lui laisser la suprême autorité sur l'Église en cette terre, Jésus-Christ voulait être bien sûr qu'il ne dévierait point du principe fondamental de la charité, qu'il n'avait cessé de prêcher lui-même, pendant les trente-trois années de sa vie mortelle?

[1] Joan., XXI, 17.
[2] Ib., *ib*.
[3] Ib., *ib*.

Alors seulement que Pierre eut trois fois protesté de son amour, Jésus, qui avait résolu de ne plus paraître visiblement sur la terre, lui confirma la juridiction universelle sur toute son Église militante, et il l'établit son vicaire avec confiance. Et seulement alors, Jésus sembla rassuré sur le sort de son Église, qui serait conduite par la charité, comme elle avait été fondée par l'amour.

Eh bien, mes frères, l'Église n'a pas un instant varié de la doctrine du Maître. En elle tout est charité comme l'Évangile d'où elle est sortie. Ainsi, soit que nous considérions la religion du Christ dans la simplicité de son institution primitive, soit que nous la suivions dans les nombreux détails qui sont inséparables d'une administration immense, qui s'étend à tout et partout, toujours nous y trouvons la charité, et seulement la charité, tout le reste n'étant que pour développer, pour exciter, pour enflammer cette reine des vertus.

Cependant, j'entends des hommes qui le nient, et qui, l'histoire à la main, ou plutôt, un livre d'histoire à la main, prétendent dé-

montrer, ce qu'ils assurent d'ailleurs philoso-
phiquement, que l'Église est loin d'avôir toujours été charitable, qu'aujourd'hui même elle
n'est pas sans défaut, et qu'il ne serait pas
mal de la remplacer par des institutions plus
humanitaires.

J'avoue, mes frères, que je ne me sens guère
disposé à faire de la controverse quand il
s'agit de charité. D'ailleurs, c'est une disserta-
tion qu'il faudrait, au lieu d'un discours, pour
venger la religion chrétienne des blasphèmes
d'une histoire mensongère et d'une philosophie calomnieuse.

Au reste, ce travail a été fait, et les écrivains
de génie qui mirent leur plume au service
de la religion, sont toujours restés vain-
queurs. Mais sur un pareil terrain le combat
peut toujours continuer, puisqu'il suffit au
vaincu de nier sa défaite. Et de fait, il continue et il continuera toujours, parce que, sous
tous les rapports, l'Église sera toujours ici-bas
militante. Mais Dieu permet que la vérité reste
toujours triomphante, pour la consolation de
ceux qui aiment la vérité. Souffrez donc que,
pour les détails de la polémique religieuse, je

vous renvoie aux Guénée, aux Bergier, aux Frayssinous, aux de Maistre ; et, pour ce qui est des chicanes journalières de l'impiété, aux savants et zélés publicistes qui les confondent chaque jour.

Disons seulement en général, quant à l'histoire, qu'on peut lui appliquer ce qu'on a dit des sciences exactes, géographiques, géologiques et autres : qu'un peu de science éloigne de la religion, et que beaucoup y ramène. Ce moyen âge, par exemple, qu'il était comme de bon ton de couvrir de mépris, il n'y a pas longtemps, voilà qu'une étude plus approfondie nous le fait apparaître bien plus savant qu'on ne le pensait, et certainement plus vénérable que ne sera le siècle qui s'est imprudemment nommé lui-même le siècle des lumières.

Quant à cette philosophie, qui eût mérité le nom tout contraire, laissons-la dormir dans sa honte. La science, qu'elle prétendait invoque , a mis au jour la légèreté de ses assertions, et nous a vengés par ses propres armes. Elle a passé les mers, elle a pénétré chez les peuples barbares, elle a déraciné ce qui restait des fondements des cités antiques, elle a fouillé dans les tombeaux, elle a gravi les montagnes, elle a consulté les cieux, elle a creusé la terre si bas, qu'il en est sorti de l'eau presque bouillante, comme si l'on était arrivé trop près des enfers. Dans toutes ces opérations, la philosophie qui poussait la science avait l'intention tantôt formelle, tantôt cachée, de trouver des armes contre la religion du Christ. Et voilà qu'au fond des abîmes, aussi bien que lorsqu'elle a pris son essor dans les airs, la science a trouvé, avec nos titres de noblesse, les témoignages irrécusables de la vérité dont l'Église de Jésus-Christ est la dépositaire, et de la charité, qui fut toujours sa vie.

La philosophie dès lors s'est tue, pour ne plus parler que de morale ; de morale, entendez bien !... et la science l'a délaissée pour se tourner avec plus de sagesse et de profit vers l'application des principes de la physique ; elle s'est occupée de chemins de fer et de télégraphes électriques, ce qui lui vaut mieux, car elle est là dans son élément, dans son centre, et toujours elle trouvera matière à exercer l'esprit humain ; car c'est pour cela que Dieu a livré le monde à notre investigation, sans que nous puissions jamais parvenir à connaître tout ce qu'il a produit de merveilles dans sa création [1], dit le Sage. Il ne restait donc plus à la philosophie que sa morale prétendue. Et le monde a reculé d'horreur quand la pratique s'est chargée de développer mieux que la théorie les conséquences de ses principes.

Je le répète, laissons dormir en paix tout cela; seulement, si l'imprudente lecture de ceux qui furent appelés esprits forts avait laissé dans l'esprit plus sage de quelqu'un d'entre vous quelques légers nuages, qu'il me suffise de vous rappeler qu'avec un peu de vraie et de saine philosophie, tout cet échafaudage de sophistiques raisonnements tombe, s'écroule et disparaît dans la poussière.

Par exemple, dans telle institution ecclésiastique, dans tel ordre religieux, chez tel ministre des autels, on a découvert un abus, une faute, un défaut de charité; nos adversaires s'en emparent, c'est une bonne fortune; cela les dispense du pur et grossier mensonge au-

[1] *Eccle.*, III, 11.

quel les invitait un des coryphées de la secte, quand il disait : Mentez, mentez, il en restera toujours quelque chose. Ils s'en emparent donc, et en affichent l'annonce au frontispice d'une populaire brochure ; ils le travaillent ensuite, et le manipulent si bien, qu'en peu de temps c'est un grand scandale. Dès lors ce n'est plus assez du pamphlet, la Renommée embouche ses trompettes, qui font retentir le monde de leurs bruyants accords ; il n'est pas jusqu'à la caricature dont on n'emprunte le secours. Vient enfin le froid compositeur, qui s'empare de tout ce bruit comme d'irrécusables témoignages ; il ajoute quelques dates, fait la supputation de quelques chiffres, cite mille passages de mille auteurs divers qui ont tous répété la même chose en termes différents. C'est un ouvrage sérieux, dit-on ; évidemment la conclusion doit être admise. Et quelle conclusion ? qu'un tel a fait une faute ? que dans telle institution il s'est glissé un abus ? que tel acte n'a pas été charitable ? Oh ! nous sommes loin de là. La conclusion est que tous les religieux, que tous les prêtres sont les ennemis jurés de la société ; qu'ils ne valent pas quatre décharges

de fusil, c'est à la lettre, et l'on invente...
Mais taisons-nous! La conclusion est que la religion elle-même est une marâtre; qu'au lieu
de nourrir ses enfants du lait de la charité,
elle leur sert le poison du mensonge et du vice;
qu'on saura bien se passer des robes noires et
des sœurs de la charité; les pauvres seront ser-
vis par des valets à gage, et un officier public
officiera devant la déesse de la Raison. C'est
à ne pas y croire, mes frères, et cependant
c'est de l'histoire qui n'est pas ancienne, vous
vous en souvenez.

Eh bien, que les passions se taisent un instant pour laisser dire un mot à la saine philosophie. Que faut-il pour rendre raison de toutes ces calomnies, de tous ces blasphèmes? Une
double distinction : *primo* : les fautes de quelques-uns ne sont pas les fautes de tous; *secundo* :
les fautes de quelques-uns ne sont pas les fautes
de la Religion, qui, loin de les approuver, les
désavoue formellement; qui, loin d'encourager
les coupables, est la première à les condamner, à les stigmatiser sous le poids de ses ana-
thèmes.

La religion mensongère! la religion cruelle!

la religion immorale! De quelle religion veut-on donc parler? de la religion des brâhmes, des bouddhistes, de Confucius? pas du tout, celles-là on les vénère presque; de la religion qui enfanta les Vincent de Paul, les Ignace de Loyola, les Charles Borromée, les Belzunce et tant d'autres qui furent les serviteurs de la société et surtout des pauvres; de la religion qui, la première, a rendu à la femme sa dignité, à l'esclave sa liberté, au faible ses droits, au pauvre son honneur, à tous les bienfaits d'une civilisation accomplie.

Car enfin voilà le fait. De bonne foi, laissons de côté les abus partiels inséparables de toute administration humaine; abus que la religion repousse, qu'elle travaille continuellement à réformer; laissons les fautes personnelles, qui ne doivent retomber que sur la tête de celui qui les commit; considérons l'action de la religion en elle-même, et, toujours et partout nous la trouverons digne de son auteur, c'est à-dire, pleine de charité, pleine d'amour pour les hommes.

Ne soyons pas ingrats, pour méconnaître ce qu'elle a fait autrefois, ce qu'elle opère encore continuellement chez nous ; et si l'habitude de voir et de sentir ses perpétuels bienfaits nous a fatigué les yeux et blasé les sens, regardons ailleurs et voyons ce qu'elle opère chez les autres. A-t-elle un instant cessé d'être fidèle à son apostolat ? d'envoyer ses ministres et ses aumônes jusqu'au cœur des populations les plus barbares, pour les convertir au Seigneur et les faire entrer en même temps dans la voie des nations policées ? Qu'a-t-elle à gagner dans cet apostolat, toujours ancien, toujours nouveau, si ce n'est l'exercice de la Charité, dont elle ne saurait se départir un instant ?

Les plus impies aimeraient presque la religion à l'époque des martyrs. Eh bien ! l'ère des martyrs n'est pas finie. Venez aux Missions étrangères, et nous vous montrerons un sanctuaire où reposent les corps et les instruments du supplice de plus de vingt martyrs, de vénérés confrères, de tendres amis dont nous avons pu presser la main tandis qu'ils étaient encore sur cette terre ; quelques-uns seraient plus jeunes d'âge que nous, le plus vieux n'aurait pas trois fois vingt ans. Voudrait-on que l'ère des martyrs fût encore vivante en Europe ?

C'est-à-dire que nous fussions encore barbares ! A cela je ne réponds pas, car je suis bien sûr qu'il n'en est pas ici qui nourrissent un tel désir.

Cependant, là ne se borne pas l'action bienfaisante de la religion chez ces peuples lointains, et jusqu'ici presque tous rebelles. Ainsi qu'elle fit chez nous, indépendamment de ses efforts continuels pour sauver les âmes, jusqu'à donner le sang de ses ministres (et c'est bien là, je pense, la plus précieuse des charités), elle travaille à établir des institutions bienfaisantes selon que votre générosité lui en fournit les moyens. Elle crée des écoles pour dissiper l'ignorance du peuple, elle porte au malade secours et consolation, elle adopte l'enfant délaissé, elle soutient le vieillard qui chancelle, elle donne au pauvre un morceau de pain ; que faut-il de plus pour être charitable ?

Il est vrai que tout cela ne se fait pas ailleurs, comme chez vous, sur une large échelle, et qu'il reste là-bas bien des malheureux à secourir, beaucoup de bien à désirer. Mais pourquoi ? Parce qu'il faut nécessairement

qu'un peuple corresponde à la bonne volonté
de la religion, pour qu'elle puisse développer
chez lui toutes ses ressources. Nos pères ont
eu la sagesse de le comprendre. Ils ont laissé
faire la religion, qu'ils avaient le bon esprit
de ne pas contrarier, et qu'ils aimaient dans
la droiture de leur cœur; et nous recueillons
aujourd'hui les fruits de leurs pieuses fonda-
tions, sans que nous leur en ayons assez de
reconnaissance. D'autres peuples s'obstinent
à fermer les yeux et le cœur. Il y a chez eux
sans doute des individus chrétiens, et quelques-uns bons chrétiens, mais ils ne forment
pas un peuple chrétien. Ainsi la religion n'a
pas le champ libre pour faire le bien. Mais sa
persévérance même au milieu d'obstacles
qu'elle n'a pas réussi à vaincre complétement
depuis des siècles de travaux et de sacrifices,
n'est-elle pas une preuve des plus frappantes
de sa charité? Car il en faut beaucoup, mes
frères, pour persévérer dans ce travail ingrat,
sans qu'aucun intérêt humain quelconque,
soit de fortune, soit de gloire, ou seulement
la satisfaction de voir couronner ses efforts de
succès, viennent soutenir le courage de ses

ministres. Mais l'un des caractères de la vraie charité, dit saint Paul, est d'être patiente. *Charitas patiens est* [1].

Faut-il bien que je m'arrête, quoiqu'il reste encore bien des choses à dire sur un tel sujet. Un mot cependant, avant de terminer, sur ce que j'ai rappelé du bon esprit de nos pères qui, tout en lui venant en aide de toute leur puissance, laissaient faire la religion, quand il s'agissait de charité, et qui s'en trouvaient bien.

Je ne prétends pas accuser notre siècle d'être moins bienfaisant qu'aucun de ceux qui le précédèrent ; je crois au contraire qu'il ne mérite pas ce reproche. Mais nous avons l'énorme tort de vouloir contrôler la religion dans la distribution de nos aumônes, et dans les autres œuvres de charité. Je ne parle pas de ceux qui ajoutent l'insulte à l'injustice, quand ils l'accusent d'être moins charitable qu'autrefois, parce qu'elle ne distribue pas aux pauvres des biens qu'elle ne possède plus ; mais les mieux intentionnés ont de la peine à

[1] 1 Cor., XIII, 4.

se défaire de l'erreur qu'une direction de bureaucrates, permettez-moi l'expression, vient en aide à la charité.

La charité n'aime point ces entraves. Ainsi nous lui lions en partie les bras, et nous crions ensuite à son défaut d'énergie. Est-ce juste? Laissons-la voler de ses propres ailes sous la conduite de l'Esprit de Dieu, qui la dirige plus sûrement que la prudence humaine. L'Église, à qui appartient essentiellement toute institution vraiment charitable, saura bien surveiller le zèle et la droiture de ceux qui se voueront au service des malheureux. Contentez-vous de l'aider, mes frères, avec toute l'intelligence dont vous êtes capables, et qui sera un tribut précieux que vous lui offrirez; faites-lui part de vos ingénieuses combinaisons, je dirais presque de vos heureuses innovations, et puis laissez-la faire. Je ne crains pas d'assurer qu'elle fera d'autant mieux qu'elle sera plus dégagée de toute forme administrative quelconque. Oui, avec des moyens égaux, quatre filles de Saint-Vincent de Paul, ou quatre petites Sœurs des pauvres soulageront deux fois plus de malheureux que dix philanthropes choisis parmi les plus savants économistes de nos jours.

———

Attachons-nous donc, mes frères, et par l'esprit et par le cœur, à une religion si sainte, si belle, si charitable. Elle fut enfantée dans la charité, et Jésus-Christ, son chef, lui en fit un précepte nouveau qu'elle n'a jamais oublié. Il nous a aimés le premier dit saint Jean [1], et l'Église, qu'il institua pour perpétuer son amour sur nous, n'a pas vieilli. Elle est sans tache et sans rides [2], toujours aussi belle qu'au premier jour, toujours pleine de charité. Écrions-nous donc avec l'Apôtre : *Quis ergo nos separabit a charitate Christi* [3]? Qui donc pourra jamais nous séparer de la charité de Jésus-Christ? Sera-ce la tribulation, les an-

[1] 1 *Joan.*, IV, 10.
[2] *Ephes.*, V, 27.
[3] *Rom.*, VIII, 35.

goisses, la faim, la nudité, les périls, la persécution, le glaive?.... Mais nous surmonte-
rons tout cela pour celui qui nous a aimés [1].
Oui, continue le même apôtre, je suis certain
que ni la mort, ni la vie, ni les Anges, ni les
Principautés ni les Vertus des Cieux, ni les
choses présentes, ni les futures, ni la force, ni
ce qu'il y a de plus élevé, ni ce qu'on trouve
de plus profond, ni qu'une créature quelconque ne pourra jamais nous séparer de la charité de Dieu, qui est en Jésus-Christ notre Seigneur [2]. *Amen.*

[1] *Rom.*, VIII, 37.
[2] *Ib.*, VIII, 39.

CINQUIÈME JOUR

De la Charité envers Dieu.

Si linguis hominum loquar et Angelorum, Charitatem autem non habeam, factus sum sicut æs sonans, aut cymbalum tinniens.

(I Cor., XIII, 1.)

Alors même que je parlerais le langage des hommes et le langage des Anges, si je n'ai point la Charité, je ne suis qu'un airain sonnant et une cymbale retentissante.

Nous disions hier, mes frères, que la religion de Jésus-Christ, c'est l'amour, c'est la charité. Et qui n'admirerait l'énergie avec laquelle l'apôtre des nations parle de cette vertu dans l'épître que je viens de citer? Or il continue : Eussé-je le don de prophétie de

9

manière à connaître toute science et tous les mystères, et le don de la foi, qui transporte les montagnes, si je n'ai point la charité, je ne suis rien [1]. Et encore : Quand même je distribuerais tous mes biens aux pauvres, quand même je sacrifierais ma vie en livrant mon corps aux flammes, tout cela ne me servirait de rien sans la charité [2].

C'est qu'en effet, mes frères, accumulez vertus sur vertus, qu'importe à Dieu si vous ne l'aimez pas? C'est votre cœur qu'il veut, c'est dans votre cœur qu'il lit, c'est là qu'il voit si vous vivez de la véritable vie, commencement sur la terre de la vie de charité qui anime le ciel. Car maintenant, dit saint Paul, ici règnent la Foi, l'Espérance, la Charité; elles sont trois, mais la plus grande c'est la Charité [3], qui règne seule au ciel. Qu'importe encore à Dieu que vous disiez de bouche que vous l'aimez, si vos actes sont en contradiction avec vos paroles, si vous n'obéissez pas à

[1] I *Cor.*, XIII, 2.
[2] I *Cor.*, XIII, 3.
[3] *Ib.*, XIII, 13.

sa loi, si vous substituez votre volonté propre à son adorable volonté, si vous n'aimez pas vos frères, qui sont comme vous les frères de Jésus-Christ? Car, dit le Sauveur, tous ceux qui me diront : Seigneur, Seigneur! n'entreront pas dans le royaume de Dieu, mais seulement ceux qui font la volonté de mon père, qui est au ciel [1]. Et ailleurs : Je vous le dis en vérité, toutes les fois que vous avez refusé ces choses (c'est-à-dire les œuvres de miséricorde) à l'un de ces plus petits de tous, c'est à moi-même que vous les avez refusées [2].

Nous parlerons demain de la charité fraternelle. Voyons aujourd'hui pourquoi et comment nous devons aimer Dieu. Et comme Dieu nous a aimés le premier, et tant aimés qu'il nous a donné son propre Fils [3] ; et comme ce divin Fils nous a aimés à l'excès, jusqu'à la folie, non-seulement en mourant pour nous sur la croix, mais en voulant qu'on renouvelât mystiquement chaque jour sur nos autels et

[1] Matth., VII, 21.
[2] Matth., XXV, 45.
[3] I Joann., IV, 10.

le redoutable sacrifice [1], et le repas d'amour dans lequel il se donne réellement à chacun de nous, comme il se donna la veille de sa mort à chacun de ses apôtres [2], nous verrons à la fin de ce discours, pourquoi et comment nous devons aimer Jésus-Christ-Dieu dans le très-saint sacrement de nos autels.

———

Esprit-Saint, mettez dans ma bouche des paroles convenables à un tel sujet, et dans mon cœur une étincelle du feu sacré qui purifie mieux que les charbons ardents que vous appliquâtes sur les lèvres du prophète [3]; et touchez le cœur de ceux qui m'écoutent, afin qu'ils brûlent aussi de ce feu qui devrait embraser l'univers. *Veni, Sancte Spiritus, reple tuorum corda fidelium, et tui amoris in eis ignem accende.*

[1] 1 *Cor.*, XI, 24, 25.
[2] *Luc.*, XXII, 19.
[3] *Is.*, VI, 6.

Nous vous le demandons par l'entremise de notre bonne Mère, la bienheureuse Vierge Marie. *Ave, Maria.*

Demander pourquoi nous devons aimer Dieu, c'est demander pourquoi le fils doit aimer son père, la créature son créateur, le pauvre son bienfaiteur ; pourquoi celui qui n'avait rien doit aimer celui qui l'a enrichi de tous ses dons et dans l'ordre de la nature et dans l'ordre suréminent de la grâce. Pourquoi ? Ne semble-t-il pas que le cœur dût se charger seul de répondre ? Qu'a donc à faire ici le froid raisonnement ?

Cependant Dieu est la souveraine raison aussi bien que la souveraine bonté ; et s'il est des âmes positives capables d'enchaîner les affections du cœur jusqu'à ce que la raison soit satisfaite, contentons-les en leur donnant en deux mots la raison de cette absolue et si douce nécessité de l'amour de Dieu.

Cette nécessité, mes frères, est une conséquence immédiate de la nature même de Dieu, qui, existant éternellement en lui-même, dans la plénitude de ses perfections infinies, s'aime éternellement et nécessairement lui-même à l'infini. Dès lors il ne peut pas ne pas exiger que les créatures, par lesquelles il lui a plu de manifester au dehors sa puissance et sa miséricorde, ne concourent toutes à sa gloire dans les divers degrés de perfection dont il les a douées. Or, parmi les êtres que son Verbe a produits, il en est qui sont doués d'intelligence, capables de connaître et d'aimer. Donc ces intelligences devront (Dieu ne peut pas ne point l'exiger) s'appliquer par-dessus tout à la connaissance de l'Être nécessaire, et à l'amour de ses perfections. De là l'obligation d'aimer Dieu, même naturellement.

Cependant, Dieu a fait plus que cela pour l'homme. Non-seulement il l'a créé intelligence, capable de connaître naturellement et d'aimer naturellement celui qui lui donna l'être et la vie ; mais de plus il l'enrichit des dons surnaturels de la grâce. Dons ineffables qui élèvent l'homme au-dessus de la seule nature, et le rendent capable de connaître Dieu comme le connaissent les anges, imparfaitement, sans doute, ici-bas, et comme dans un miroir énigmatique, *per speculum in ænigmate*[1] ; mais après le temps d'épreuve, après le règne de la Foi et de l'Espérance, quand régnera seule au ciel la Charité capable de le voir face à face, *facie ad faciem*[2], alors que nous le verrons comme il est, *videbimus eum sicuti est*[3]. De là, mes frères, l'obligation absolue de connaître Dieu et de l'aimer d'une manière surnaturelle, par un principe de foi, et c'est là ce qui constitue l'essence de la vraie charité, de cet amour que nous devons avoir pour Dieu, à cause de lui-même, en vue de ses perfections infinies connues par la révélation ; et cela de tout notre cœur, de toute notre âme, de tout notre esprit : *ex toto corde tuo, et in tota anima tua, et in tota mente tua*[4].

Cet ordre observé, Dieu est nécessairement content de nous. Il nous aime alors, parce qu'il aime toutes ses créatures quand elles

[1] I *Cor.*, XIII, 12.
[2] *Ib., ib.*
[3] I *Joan.*, III, 2.
[4] *Matth.*, XXII, 37.

sont bonnes. *Et vidit Deus quod esset bonum*[1]. Et Dieu vit que c'était bon. Ainsi manifesta-t-il son approbation, aux six jours de la création, de tous les êtres qui sont incapables, par leur nature, de s'écarter un instant de l'ordre par lui établi. Il savait bien que perpétuellement les cieux raconteraient sa gloire[2]; que les divers éléments le béniraient toujours[3]. Mais il ne prononça point cette parole d'approbation sur l'homme pris isolément, parce que c'est à lui de se rendre définitivement bon ou mauvais, selon qu'usant bien ou mal de la liberté bonne que Dieu lui a donnée, selon que, répondant ou résistant à la grâce surnaturelle par le moyen de laquelle Dieu veut se l'unir sans lui faire violence, il conservera oui ou non l'ordre, et il accomplira la fin pour laquelle il fut créé.

Au contraire, bouleversons cet ordre; Dieu ne peut pas nous aimer de cet amour d'union qui est la charité. Il peut bien, dans

---

[1] *Gen.*, I, 25.
[2] *Ps.* XVIII, 1.
[3] *Dan.*, III, 57 *et seq.*

son infinie miséricorde, être touché de compassion pour notre faiblesse, et attendre encore un moment avant que de prononcer l'irrévocable sentence d'une éternelle séparation; il peut nous donner des grâces qui, sans nous unir encore à lui, nous disposent à récupérer cette précieuse union dans la grâce de la réconciliation; mais il ne reprendra véritablement son nom de père et d'ami dans toute la force du terme, que lorsque nous aurons repris notre place dans la charité.

Et cela est si vrai, mes frères, que les sacrements que Jésus-Christ a institués dans sa loi nouvelle, soit pour nous rétablir dans l'ordre de la grâce quand nous l'avons perdue, soit pour nous confirmer dans la bonne voie, nous soutenir, nous corroborer quand nous y sommes entrés; les sacrements, dis-je, ne seraient que de vains mots unis à une vaine matière, en l'absence de toute charité; tandis que la charité parfaite les supplée au besoin et nous donne la grâce, dont les sacrements ont été établis par Jésus-Christ comme les canaux ordinaires dans l'admirable économie de sa loi.

Ainsi, je vous le dis en vérité, dit le Sauveur,

9.

celui qui ne sera point régénéré de l'eau et du Saint-Esprit ne saurait entrer dans le royaume de Dieu [1]. Et il établit ainsi la nécessité du baptême pour tous ; du baptême qui nous réintroduit dans la voie surnaturelle de la grâce, d'où nous étions déchus par le péché. Et cependant l'Église, interprète infaillible des paroles sacrées, a toujours admis un baptême de désir et un baptême de sang qui, fécondés par la charité, remplacent le baptême d'eau qu'on ne pourrait recevoir. Ainsi encore : Jésus-Christ a donné à ses apôtres le pouvoir et l'ordre de lier et de délier, de remettre et de retenir les péchés [2]; et par conséquent il établit le sacrement de pénitence, comme le moyen ordinaire de récupérer la grâce perdue par nos prévarications actuelles. Cependant la charité parfaite, avec le désir sans doute de recevoir le sacrement, devance ou remplace la sentence du prêtre ; et le moribond, dont la langue glacée ne peut plus prononcer de paroles, ou qui, loin de ceux qui furent établis les dépositaires des

[1] Joan., III, 5.
[2] Joan., XX, 23.

clefs, s'éteint sans qu'un ministre de la religion soit là pour le réconcilier avec Dieu; ce moribond, dis-je, eût-il été un grand pécheur, sera-t-il nécessairement damné? Non. Tant que son cœur n'a pas cessé de battre dans sa poitrine, tant qu'il lui reste le pouvoir d'aimer; qu'il aime, et il sera sauvé!

Au contraire, un catéchumène adulte qui n'aurait pas au moins le commencement de l'amour de Dieu, fût-il immergé jusqu'au cou comme un schismatique russe, il pourra bien recevoir le caractère du baptême, mais la grâce, jamais. Elle attendra pour paraître que paraisse la charité. Et telle personne qui ne se confesse que par cela seul que c'est le temps de se confesser, mais qui ne renonce point à ses péchés, qui se complaît dans ses passions dépravées, qui ne répare point l'injustice, qui conserve ses trésors mal acquis (ces trésors si puissants pour s'attacher le cœur, car où est votre trésor, là est votre cœur [1], dit Jésus-Christ); cette personne vînt-elle cent fois au tribunal sacré, fît-elle mille simagrées pour tromper le

____

[1] Luc., XII, 34.

ministre des miséricordes, se frappât-elle la
poitrine à coups redoublés, versât-elle un torrent de larmes mensongères, jamais elle ne
sera pardonnée. On ne trompe pas le Seigneur.
Les paroles du prêtre glisseront sur son âme
sans donner la mort au péché, comme la balle
sur la cuirasse de l'ennemi, sans pénétrer au
cœur.

Ainsi, mes frères, la charité peut remplacer tout, et elle vivifie tout ; au contraire rien
ne peut remplacer la charité, rien ne peut en
dispenser. Admirez donc, mes frères, une religion qui unit tant de miséricorde à tant de
sagesse et de raison.

Aimons donc, mes frères, aimons Dieu,
mais aimons-le réellement, de tout notre
cœur. Ne nous contentons pas de dire de bouche : Seigneur, je vous aime, Seigneur, je
vous aime, ainsi que le reprochait Jérémie
aux Juifs hypocrites de son temps quand il
disait. Ne vous confiez point en des paroles
mensongères, vous écriant : C'est le temple,
c'est le temple, c'est le temple du Seigneur [1].

____
[1] Jer., VII, 4.

Car j'habiterai avec vous dans ce lieu, c'est
vrai, mais à condition que vous dirigerez vos
voies en conformité avec vos paroles, que votre jugement sera juste et droit, que vous ne
calomnierez point l'étranger, ni l'orphelin, ni
la veuve, que vous ne répandrez pas le sang
innocent, et que vous ne vous prostituerez
point à la suite des dieux étrangers [1]. C'est-à-
dire à condition que vous aurez la charité.

Car la charité est patiente, dit saint Paul;
elle est pleine de bonté, elle ne s'enfle point,
elle n'agit pas mal, elle ne connaît point l'orgueil, elle n'est point ambitieuse et ne cherche
pas ses propres intérêts, elle ne s'irrite point,
elle ne pense pas le mal, elle ne se complaît
pas dans l'iniquité, mais elle se réjouit à la
vue de la vérité triomphante; elle souffre tout,
elle croit tout, elle espère tout, elle sait tout
supporter, et cependant jamais elle n'atteint
ses bornes [2].

Voilà comment il faut aimer, mes frères,
tels sont les caractères de la charité que les

[1] Jer., VII, 5, 6.
[2] I *Cor.*, XII, 4 *et seq.*

apôtres avaient puisée dans les enseignements et dans les exemples du Maître; dans les exemples de Jésus, qui semblait avoir enfin épuisé les ressources de son amour, quand au moment de passer de ce monde à son Père, dit saint Jean, il nous aima jusqu'à la fin [1], en établissant l'adorable sacrement de l'Eucharistie, qui fut l'excès de son amour, un peu avant que d'aller tout consommer sur le Calvaire [2].

Arrêtons-nous un instant, et voyons comment nous devons répondre à ce dernier acte de l'amour de Dieu sur nous, par notre amour envers Jésus-Christ-Dieu, réellement présent dans l'adorable sacrement de nos autels.

Il faudrait un cœur de Séraphin, mes frères, pour comprendre tout ce qu'il y a d'amour de

[1] Joan., XIII, 1.
[2] *Ib.*, XIX, 30.

la part de Jésus dans le sacrement adorable de l'Eucharistie ; et pour vous dire combien nous devons l'y aimer, il ne suffirait pas de la parole des saints.

Que ma langue donc se taise, incapable qu'elle est de traiter un tel mystère. *Domine Deus, ecce nescio loqui*[1]. Seigneur, mon Dieu. voilà que je ne saurais parler de ces grandes choses ! Il faut donc que je me borne, mes frères, à vous rappeler quelle est votre obligation d'adoration, de respect et d'amour à l'égard du sacrement de nos autels. Pour ce qui est de l'ardeur dont la foi vive accompagne l'accomplissement de ce devoir sacré, lisez ce qu'ont écrit les saints.

Lisez saint Thomas d'Aquin, le Docteur angélique, dans l'office admirable qu'il composa pour la Fête-Dieu. Souvenez-vous de cette prose savante et pieuse qui réunit la profondeur du scolastique à l'enthousiasme du poëte : *Lauda, Sion, Salvatorem*, et le reste ; il faudrait la citer tout entière ; et ces hymnes immortelles : *Pange lingua... Verbum supernum... Sacris*

---

[1] Jer., I, 6.

solemniis... que nous répétons chaque jour, sans nous lasser jamais. Puisez dans saint Bonaventure, le Docteur séraphique, ces traits de feu dont ses écrits sont comme un arsenal inépuisable. Lisez saint Alphonse de Liguori, qui semble avoir laissé sa belle âme se fondre comme la cire dans ses inimitables visites au saint sacrement. Lisez et relisez ce livre qu'on lit et qu'on relit toujours avec profit, l'*Imitation de Jésus-Christ*, livre qui semble être tombé directement du ciel exprès pour chacun de nous.

Voilà, mes frères, où vous trouverez de quoi nourrir votre foi et votre piété. Quant à moi, qu'il me suffise de vous dire avec saint Paul que, par ce sacrement surtout, nous sommes faits en Jésus-Christ, les membres de son corps, de sa propre chair et de ses propres os. *Membra sumus corporis ejus, de carne ejus, et de ossibus ejus*[1]. De sorte qu'en lui vous êtes comblés de grâce, lui qui est le chef de toute principauté et de toute puissance. *Estis in illo repleti, qui est caput omnis principatus et potes-*

[1] *Eph.*, V, 30.

tatis [1]. En lui vous avez été comblés de toutes richesses. *Divites facti estis in illo* [2].

Et qui aurait jamais pu croire à tant d'amour? Il est vrai que pendant le cours de sa prédication, notre divin Sauveur avait déjà promis l'accomplissement du mystère qu'il réservait comme la couronne de ses bénédictions. Il avait dit que le véritable pain descendu du ciel, c'était lui et non point la manne dont les Israélites s'étaient nourris dans le désert [3] ; qu'il était la source d'eau vive qui rejaillit jusqu'à la vie éternelle [4] ; et que ceux qui boiraient de cette eau n'auraient plus soif [5] ; que ceux qui mangeraient de ce pain ne mourraient point [6]. Pour assurer ici-bas cette vie de nos âmes, gage de la vie éternelle dans le ciel, son amour le porte à nous prescrire l'usage de cette céleste nourriture. Et comme il importait qu'on fût bien averti, et que les siècles futurs

---

[1] *Coloss.*, II, 10.
[2] I *Cor.*, I, 5.
[3] Joan., VI, 32.
[4] *Ib.*, IV, 14.
[5] *Ib.*, IV, 15.
[6] *Ib.*, VI, 52.

ne pussent jamais douter que ce breuvage sacré, que cette nourriture vivifiante contiennent réellement son corps et son sang adorables, il parla d'une manière si claire que la plupart de ses auditeurs en furent scandalisés, et que plusieurs de ses disciples s'écrièrent : Quel étrange discours! qui peut entendre un tel langage? *Durus est hic sermo, et quis potest eum audire* [1]?

Alors, au lieu de désavouer le sens littéral de ses paroles, Jésus-Christ le confirme au contraire avec serment, et beaucoup de ses disciples le quittèrent [2]. Les apôtres crurent [3] sans comprendre, et sans prévoir le mode admirable qu'emploierait Jésus pour tenir sa parole et maintenir son précepte, sans répugnance pour personne. Et la persévérance des douze, et la fuite des disciples scandalisés, sont une base double sur laquelle repose l'un des plus puissants motifs de notre foi.

Le jour de tenir la promesse arriva ; elle fut

[1] Joan., VI, 61.
[2] *Ib.*, 67.
[3] *Ib.*, 70.

littéralement exécutée comme elle avait été littéralement annoncée. Et Jésus, prenant du pain de ses mains saintes et vénérables, et levant les yeux au ciel vers Dieu son Père tout-puissant, lui rendit grâce, bénit le pain, le rompit et le distribua à ses disciples en disant : Prenez et mangez-en tous, car ceci est mon corps [1]. Il leur distribua ensuite le calice en disant : Prenez et buvez-en tous, car ceci est mon sang [2]. Quoi de plus clair?

Or Jésus-Christ maintenant ne meurt plus. Il est mort une seule fois pour nos péchés [3], dit saint Pierre, et il ne mourra plus. D'où il suit que dans l'ineffable sacrifice de la croix, qu'il nous a commandé de renouveler sur nos autels en mémoire de lui [4], son corps et son sang, mystiquement séparés, sont réellement unis ensemble, ainsi qu'à sa divinité, qui leur fut toujours unie depuis le premier instant de l'Incarnation du Verbe. D'où il suit encore que s'il est essentiel de consacrer séparément et du pain et

[1] Matth., XXVI, 26.
[2] *Ib.*, XXVI, 28.
[3] I Petr., III, 18.
[4] Luc., XXII, 19.

du vin au sacrifice redoutable de nos autels, afin que, sur ce nouveau Calvaire, le corps et le sang du Sauveur soient mystiquement séparés, comme ils le furent réellement sur l'arbre de la croix, il n'est cependant pas nécessaire de recevoir les deux espèces du sacrement, pour recevoir Jésus-Christ tout entier.

Sous la seule espèce du pain, comme sous la seule espèce du vin, Jésus-Christ, notre Seigneur et Dieu, est tout entier, en corps, et en âme, et en sa divinité. Il y est vivant, glorieux, immortel, adorable. Adorable dans toute la force du terme; adorable du culte de latrie, car il est Dieu. Dieu et homme tout ensemble. Le même qui est mort pour nous sur la croix. Éternel comme le Père dans sa divinité; né de Marie dans le temps, quand il s'est revêtu de la nature humaine, en tout fait semblable à nous, excepté le péché. Le même qui règne au ciel, plein de gloire et de majesté, assis à la droite du Père, et qui viendra un jour dans cette même gloire [2] pour juger les vivants et

---

[1] *Philipp.*, II, 7.
[2] *Act.*, I, 11.

les morts [1], depuis Adam jusqu'au dernier des enfants des hommes.

Voilà, mes frères, qui nous recevons, toutes les fois que nous approchons de la table sainte ; voilà qui nous visitons, quand nous venons dans le temple adorer celui qui repose dans nos saints tabernacles ; tabernacles mille fois plus augustes que celui de Moïse ou celui de Salomon. C'est assez vous dire ce que nous lui devons de respect, d'adoration, d'amour ; mais cela ne vous dit pas ce que nous lui devons d'amoureuse confiance.

Il semble, en effet, que ces considérations devraient nous éloigner des saints mystères, plutôt que nous engager à nous approcher de Jésus-Christ dans la sainte communion, par la crainte que doit nous inspirer la réalité de sa présence. Un simple sujet oserait-il donc s'approcher chaque jour familièrement de son roi ? Non, sans doute. Mais il en est du Roi du Ciel bien autrement que des rois de la terre. Il permet, il veut, il ordonne, lui, que tous ses sujets, dont il préfère s'appeler le Père que le

____
[1] II *Tim.*. IV, 1.

Roi, viennent à lui sans crainte et avec une pleine confiance; avec respect, sans doute, mais surtout avec la simplicité d'un cœur pur. Car il n'a pas à redouter de voir ainsi diminuer sa majesté, ni son autorité faiblir.

Ainsi donc, mes frères, Jésus-Christ nous permet d'aller familièrement à lui, de nous unir à lui chaque jour dans l'adorable sacrement de nos autels. Il le veut, et, de crainte qu'une foi peu discrète nous en éloigne par un respect déplacé, il ordonne que nous le recevions au moins quelquefois dans la vie; et cela sous peine de n'avoir pas la vie en lui. Et voilà que, pour nous rendre facile l'accomplissement de ce précepte, encore plus peut-être que pour exercer notre foi, il cache les rayons de sa gloire dans d'ineffables mystères. O Jésus! pouviez-vous pousser plus loin votre amour?

Maintenant, mes frères, demandons-nous si nous avons toujours répondu à ses invitations, si nous avons toujours obéi à son divin commandement, si nous avons répondu par l'amour à tant d'amour.

Peut-être en est-il ici qui n'ont plus souvenance du jour où ils participèrent à la table des saints ; d'autres peut-être n'ont jamais goûté ce bonheur ! Car de ce nombre sont ceux qui, machinalement, par manière d'acquit, et peut-être avec un cœur coupable, seraient venus prendre place au festin de l'Époux. D'autres sont ici par hasard, ayant perdu jusqu'à l'habitude de venir adorer Jésus-Christ dans son temple, d'assister, même au jour qu'il s'est réservé pour son service, au renouvellement du sacrifice adorable. Y en aurait-il aussi qui eussent coutume de ne venir à nos solennités saintes que pour y paraître comme au spectacle, occupés de pensées profanes et peut-être coupables, scandalisant ainsi les anges qui environnent l'autel ?

Oh ! combien Jésus est mal payé de son amour ! S'il en avait eu moins pour nous, peut-être lui en aurions-nous témoigné davantage ; du moins aurions-nous eu pour lui plus de vénération et de respect. Par exemple, et c'est la remarque du pieux auteur de l'*Imitation de Jésus-Christ*[1], s'il n'existait qu'un tem-

---

[1] Lib. IV, cap. I.

ple dans le monde, qu'un seul autel, qu'un seul prêtre qui eût l'ineffable privilége de traiter les saints mystères, avec quel empressement et quelle religieuse crainte n'approcherions-nous pas de ce prêtre, de cet autel! Mais parce que Jésus-Christ a été bon au-dessus de toute mesure, nous sommes indifférents, ingrats. Il s'est multiplié comme le sable de la mer, il habite au milieu de nous, presque dans nos maisons, et nous le délaissons, nous l'oublions, nous le méprisons!

Qu'avez-vous fait, Seigneur, et pourquoi tant de familiarité avec les hommes, qui ne savent pas reconnaître que, de votre part, cet excès de familiarité est un excès d'amour? N'auriez-vous pas mieux fait de ne paraître qu'en un seul lieu de la terre, toujours environné de votre gloire, ou bien de ne point paraître du tout?

Mais que dis-je, imprudent? Ah! Jésus-Christ savait bien ce qu'il faisait! Il connaissait le cœur de l'homme. Il savait que beaucoup l'oublieraient sans doute, mais pour un temps, et que plus tard la facilité qu'ils ont de revenir à lui lui donnerait occasion d'ouvrir plus souvent les bras de sa miséricorde. Il savait que d'autres ne l'oublieraient jamais; qu'une foule de bons prêtres offriraient chaque jour dignement le Très-Saint-Sacrifice; qu'une foule de fidèles pieux s'uniraient chaque jour à lui dans la sainte communion; qu'une foule d'autres viendraient silencieusement le trouver chaque soir dans une délicieuse visite, et lui confier leurs peines, lui exposer leurs désirs, lui recommander leurs entreprises, dans l'effusion d'un cœur plein de foi et d'amour. Il savait, en un mot, que là, caché sous les humbles espèces du Sacrement, il nous ferait plus de bien que s'il n'eût apparu qu'en un seul lieu de la terre, rayonnant de lumière et resplendissant de gloire comme sur le Thabor; et que, sans recueillir tant de respect, il recueillerait plus d'amour. Or c'est d'amour surtout qu'il est avide.

Quelle que soit, mes frères, la catégorie de chrétiens à laquelle nous ayons appartenu jus-

qu'à ce jour, soit que nous ayons fait partie
jusqu'ici de ces chrétiens lâches, oublieux, indifférents, et peut-être coupables, qui savent à
peine que Jésus-Christ habite encore sur la
terre ; soit que, plus heureux que tant d'autres, nous n'ayons jamais abandonné la pratique du sacrement de nos autels, redoublons en
ce moment de vénération et d'amour pour un
Dieu qui nous a tant aimés.

N'eût-il fait que nous donner la vie de l'intelligence, il aurait droit à un éternel amour.
Mais voilà qu'il nous a créés presque semblables aux anges [1] ; à la raison il a uni la grâce,
il a droit à un amour supérieur et presque divin, à la charité.

Tombés de si haut, nous allions être enseve-
lis dans les horreurs d'une nature déchue,
monstrueuse, coupable, et voilà qu'il nous a
tant aimés, qu'il nous a rachetés au prix du
sang de son propre Fils. Et le Verbe s'est fait
chair, et il habita parmi nous [2]. Il a vécu, il
est mort, il est ressuscité, il est monté au ciel

[1] *Ps.* VIII, 6.
[2] Joan., I, 14.

dans sa gloire, mais il ne nous a pas quittés. Caché, comme il convient, sous les espèces du Sacrement, il est aussi près de nous qu'il était près de ses apôtres lorsqu'il leur dictait sa loi.

Que dis-je ! C'est au moment de quitter la terre qu'il inventa le moyen d'être plus uni que jamais à ses apôtres et à nous dans le Sacrement de son amour. Et il nous commanda, à nous qui avons l'honneur d'être ses ministres, de ne laisser jamais interrompu le sacrifice perpétuel de la sainte Eucharistie ; et à vous, mes frères, d'y participer quelquefois dans la vie, vous conseillant de venir y prendre part chaque jour.

Ne soyons pas ingrats, ne soyons pas coupables. Allons à lui, puisqu'il a bien voulu descendre jusqu'à nous. Voici qu'une fête pieuse s'avance ; qu'elle soit pour nous la fête du passage à une vie parfaite, ou du moins vraiment chrétienne ; qu'elle soit pour nous tous la Pâque du Seigneur. Préparons-nous dès ce moment à la célébrer comme il convient. Sortons de notre engourdissement, l'heure est venue de secouer toute paresse. *Hora est jam nos de somno surgere*[1]. Levons-nous, ceignons nos reins[2], et purifions nos cœurs. Commençons le festin par des herbes qui ont peut-être quelque faible amertume[3], puis paraîtra l'Agneau, comme mort, *tanquam occisum*[4], mais éternellement vivant, *semper vivens*[5]. Il remplira notre bouche de miel, et notre cœur de délices. Et puissiez-vous goûter combien le Seigneur est doux! *Si tamen gustatis quoniam dulcis est Dominus*[6]. Amen.

[1] *Rom.*, XIII, 11.
[2] *Exod.*, XII, 11.
[3] *Num.*, IX, 11.
[4] *Apoc.*, V, 6.
[5] *Hebr.*, VII, 26.
[6] I *Petr.*, II, 3.

SIXIEME JOUR

De la Charité à l'égard du Prochain.

10.

*Mandatum novum do vobis : ut diligatis invi-
cem sicut dilexi vos.*

(Joan., XIII, 34.)

Je vous donne un commandement nouveau, celui
de vous aimer les uns les autres comme je vous ai
aimés.

Nous l'avons déjà dit souvent, mes frères, et
nous ne saurions trop le répéter : la religion
de Jésus-Christ, c'est l'amour, c'est la charité.
La charité vis-à-vis de Dieu, la charité vis-à-vis
du prochain, voilà toute la loi [1], et ces deux
commandements n'en font qu'un ; ils sont sem-

[1] Matth., XXII, 40.

blables [1], dit Jésus-Christ; et cela parce que la charité à l'égard du prochain n'est pas seulement de la philanthropie. Elle est une vertu surnaturelle d'abord, et aussi théologale, parce que le prochain doit être aimé en vue de Dieu, pour l'amour de Dieu; en sorte qu'elle est comme un écoulement de la charité à l'égard de Dieu, dont nous parlions hier, et qu'elle lui est intimement unie.

C'est précisément cette union-là qui la rend si vénérable et si féconde, tandis que la philanthropie est sèche comme une étymologie et froide comme la nature sur qui n'est point tombé le souffle de Dieu. En un mot, la philanthropie est tout humaine, toute naturelle; la surnaturelle charité la renferme sans doute, mais elle la dépasse aussi loin qu'il y a loin du ciel à la terre; celle-là, c'est la pure nature; celle-ci, c'est le divin amour.

Je me propose aujourd'hui de vous parler de la charité à l'égard du prochain, laquelle doit nécessairement se produire par des œuvres. Car nous avons connu la charité de Dieu, dit

______

[1] Marc., XII, 31.

l'apôtre saint Jean, en ce qu'il a donné sa vie pour nous ; ainsi devons-nous donner notre vie pour nos frères [1] ; et il ajoute : Comment donc la charité de Dieu habiterait-elle en celui qui possède les biens de ce monde et qui ferme ses entrailles à la vue d'un frère dans le besoin [2]?

Ainsi, œuvres de charité corporelle, en union de notre divin Sauveur, qui guérissait les malades, qui rendait aux aveugles la vue, aux sourds l'ouïe, aux paralytiques le mouvement, qui nourrissait ceux qui avaient faim du pain des miracles; œuvres de charité spirituelle surtout, en union de notre divin Sauveur, qui donna sa vie pour nos âmes, voilà tout le sujet de ce discours. Mettons-le comme les précédents sous la protection de la bienheureuse Vierge Marie. *Ave, Maria.*

[1] I Joan., III, 16.
[2] *Ib.*, III, 17.

Si tout n'était pas contradiction dans l'homme, on ne saurait vraiment comment s'expliquer l'étrange doctrine de nos malheureux frères égarés, qui prétendent que la foi seule suffit, que les bonnes œuvres ne sont point nécessaires au salut. Quoi donc ! n'ont-ils jamais lu les livres saints ? n'ont-ils jamais ouvert l'Évangile ? Mais ils se vantent de les avoir toujours entre les mains ! La Bible, la Bible, disent-ils ; ils ne savent ni dire ni faire autre chose. Faire, ai-je dit, c'est le mot ; car ils font et refont la Bible, tantôt en l'altérant d'une façon plus ou moins ouverte, tantôt en en retranchant des livres entiers, auxquels plus tard ils accordent l'honneur de les manipuler comme les autres. Car ils ont des fabriques de Bibles, et des fabriques à la vapeur ; ils en ont de tous les formats, de tous les prix, dans toutes les langues. Ils en emportent au loin des cargaisons entières dont ils nolisent presque exclusivement de gros navires ; puis ils les distribuent dans l'univers entier, et le ministre qui s'est chargé de cette opération fait à la fin de l'année le relevé de ce qui lui reste de livres en caisse. La différence lui donne, dit-il, le nombre des convertis; et le voilà qui compose sur ces données un beau Mémoire qui le fait passer, aux yeux des sociétés bibliques, pour un apôtre.

Ils ont donc lu la Bible ? Oui, certes, ils l'ont lue, et on peut dire qu'ils l'ont lue presque tout entière; car, soit que la force des choses les y oblige, soit qu'un reste de bonne foi, qu'on ne saurait nier chez plusieurs, les y pousse, les mutilations deviennent de jour en jour moins fréquentes, les altérations du texte moins choquantes, à tel point qu'il y a certaines de leurs éditions, du Nouveau Testament surtout, dans lesquelles on ne découvre guère d'erreurs qu'avec des yeux théologiques, [et, comme le commun des mortels n'a pas la vue si longue, plusieurs n'y voient rien de mal, et l'on pourrait presque dire qu'elles sont peu dangereuses si elles n'étaient pas produites par un esprit de chicane et d'opposition à la sainte Église.

C'est ainsi qu'on trouve maintenant dans presque toutes leurs traductions du Nouveau Testament jusqu'à l'épître de saint Jacques, où il est dit expressément, que la foi qui n'opère pas de bonnes œuvres est morte en soi. *Fides, si non habeat opera, mortua est in semet-*

ipsa[1]. L'Apôtre le prouve, et il conclut : Donc, comme le corps sans esprit est mort, de même la foi sans les œuvres est morte. *Sicut enim corpus sine spiritu mortuum est, ita et fides sine operibus mortua est*[2].

Et d'ailleurs, est-ce l'unique passage de la Sainte Écriture où cette vérité soit consignée? Dans les livres que les protestants n'ont jamais pu retrancher de leur catalogue, la nécessité des bonnes œuvres est indiquée à chaque page. Pour altérer tous les passages où il en est question, ils eussent été obligés de rayer l'Évangile tout entier.

Sous ce rapport les protestants sont parfaitement semblables aux juifs, qui vénèrent et qui lisent chaque jour les livres sacrés qui contiennent leur propre condamnation, écrite en gros caractères sur chaque feuillet dont se compose leur rouleau. Comme les juifs, les protestants sont du nombre de ceux qui écoutaient parler notre divin Sauveur, mais qui ne comprenaient rien à sa parole ; car en voyant ils ne voient

[1] Jac., II, 17.
[2] *Ib.*, II, 26.

pas, et en entendant ils n'entendent pas et ne comprennent pas (c'est Jésus-Christ qui parle), afin qu'en eux s'accomplisse cette parole d'Isaïe : Vous entendrez des oreilles et vous ne comprendrez rien ; vous verrez des yeux et vous ne saisirez rien ; car le cœur de ce peuple s'est appesanti, leurs oreilles se sont engourdies, et ils ont fermé les yeux; ils ont craint de se convertir, et que je ne les guérisse, s'ils ouvraient les yeux pour voir, s'ils écoutaient pour entendre, et s'ils ouvraient le cœur à l'intelligence[1], *quia videntes non vident*..... Et le reste.

Quant à vous, mes frères, vous êtes heureux (je continue de rapporter les paroles mêmes du Sauveur), vos yeux sont heureux parce qu'ils voient, et vos oreilles parce qu'elles entendent. *Vestri autem beati oculi, quia vident, et aures vestræ, quia audiunt*[2]. Ouvrez donc les yeux, lisez l'Évangile, et voyez à chaque page écrit en lettres de feu qu'il faut aimer le prochain, non pas de bouche seulement, mais de

---

[1] Matth., XIII, 13 *et seq.*
[2] *Ib.*, XIII, 16.

fait, par l'exercice des bonnes œuvres. Ouvrez les oreilles, et entendez le Sauveur vous
adresser des paroles terribles si vous n'êtes pas
miséricordieux envers ceux qui souffrent. Lui,
qui n'a ordinairement que des paroles de paix
et de douceur, il semble avoir oublié cette fois
toute sa modération; et, afin que nous sachions
bien tout le prix qu'il attache à notre charité
envers le prochain, il nous assure que le bien
ou le mal que nous lui ferons, il le tiendra
comme étant fait à lui-même. Écoutez-le :

Lors donc que le Fils de l'homme viendra
dans sa majesté, dit-il, s'adressant à ceux
qui se trouveront à sa gauche, il leur dira :
Retirez-vous de moi, maudits, allez brûler dans
le feu éternel qui fut préparé pour le démon et
pour ses anges; car j'ai eu faim, et vous ne m'a-
vez pas donné à manger; j'ai eu soif, et vous ne
m'avez pas donné à boire ; étranger, vous ne
m'avez point donné l'hospitalité; nu, vous ne
m'avez point couvert; infirme et dans les pri-
sons, vous ne m'avez point visité. Et quand
est-ce donc, Seigneur, lui demanderont-ils,
quand est-ce que nous vous avons vu ayant
faim ou soif, ou sans abri, ou sans vêtements,

ou malade, ou en prison, sans que nous vous
ayons secouru ? Et il leur répondra : Je vous le
dis en vérité, toutes les fois que vous avez
manqué de secourir un de ces frères, le moindre de tous, c'est moi-même que vous avez
offensé. Au contraire, se tournant vers ceux
qui auront été rangés à sa droite, il leur
dira : Venez, les bénis de mon père, venez
posséder le royaume qui vous a été préparé
dès le commencement du monde, car j'ai eu
faim, et vous m'avez donné à manger; j'ai eu
soif, et vous m'avez donné à boire ; étranger,
vous m'avez retiré chez vous; nu, vous m'avez
couvert; infirme, vous m'avez visité; en prison, vous êtes venus à moi. Et quand, Seigneur,
lui demanderont-ils, quand donc vous avons-
nous vu ayant faim, et nous vous avons nourri;
ayant soif, et nous vous avons donné à boire;
quand vous avons-nous vu sans asile et nous
vous avons recueilli; sans vêtement, que nous
vous ayons couvert? Quand est-ce, enfin, que
nous vous avons visité en prison ou sur le
lit de douleur? Et le Fils de l'homme leur
répondra : En vérité, je vous le dis, toutes
les fois que vous avez ainsi traité l'un de ces

frères, le plus petit de tous, c'est moi-même que vous avez traité[1].

Si je parlais à des chrétiens moins instruits que vous, mes frères, j'aurais besoin de les avertir que tout ce long passage, si touchant et si formel, est rapporté mot pour mot des saints Évangiles.

Vraiment, mes frères, si les paroles de Jésus-Christ n'étaient point la vérité même, on serait tenté de les accuser, cette fois, de pieuse exagération, ou de les prendre pour un adroit stratagème en faveur des pauvres et des malheureux. Il n'en est rien, cependant; ces paroles sont la vérité, la pure vérité; il n'en est pas sorti d'autres de la bouche de notre divin Sauveur. Sa religion, qui est la nôtre, grâce éternelle en soit rendue à Dieu! sa religion est tout cœur, mais aussi toute vérité. Ces paroles donc doivent être prises comme elles sonnent. Et la raison? je vous l'ai donnée dès le commencement de ce discours; la raison, c'est que la charité n'est point de la philanthropie; elle est une vertu surnaturelle, théologique, qui a immédiatement Dieu pour objet.

[1] Matth., XXV, 31 *et seq.*

Après cela, mes frères, dispensez-moi de citer tant d'autres passages dont les écrits des évangélistes et des apôtres sont tous remplis en faveur de la charité fraternelle, et les témoignages des saints Pères, qui prouvent que la tradition constante de l'Église n'a jamais cessé d'être conforme à l'enseignement du Maître. Tous, sans exception, ont toujours et partout insisté sur la nécessité des bonnes œuvres.

Les passages des saints Pères! Est-il besoin de remuer la poussière des bibliothèques pour compulser leurs volumineux ouvrages en faveur de la tradition? Levez les yeux, et voyez de toutes parts, dans notre belle France, les monuments de la miséricorde chrétienne. Il en est dont les fondements remontent aux premiers siècles de la chrétienté; d'autres se sont élevés plus tard, mais ils sont déjà d'une vénérable antiquité; d'autres enfin ne datent que d'hier, et ce ne sont pas les moins remarquables.

Car nous devons ce témoignage à notre siècle. Trop souvent notre ministère nous oblige à lui adresser des reproches, pour ne point saisir avec empressement l'occasion de le louer quand il le mérite. Nous devons donc ce témoignage à notre siècle, que sa charité n'a rien à envier à la charité de nos pères. Heureux peuple! que le christianisme a si bien pénétré de son esprit, que les œuvres de charité surgissent chez vous de tout côté comme par enchantement, sous toutes les formes, adaptées à tous les genres de malheur ou seulement d'indigence. Ici, des hôpitaux où les pauvres et les malades sont retirés, nourris, soignés et déposés avec respect dans le tombeau, quand leur âme s'est envolée au ciel, allant prier pour ceux qui les ont arrachés des bras de la misère; là, des asiles pour la vieillesse; plus loin, un refuge pour le malheur; plus loin encore, un hospice pour les enfants trouvés, qui seraient ailleurs jetés à la voirie ou dans le fleuve Jaune, tandis qu'ici, entre les bras d'une fille de la charité, ils ne s'aperçoivent presque point qu'ils n'ont pas de mère. Et tant d'autres institutions charitables, sans compter les aumônes que vous distribuez chaque jour de la main à la main, ou bien en les faisant passer secrètement par la voie de ceux dont la robe permet qu'ils s'introduisent partout, dans les palais des grands comme dans la cabane du pauvre, et jusque dans cette retraite obscure où gît un pauvre honteux qui n'ose pas tendre la main.

Oui, mes frères, notre siècle est charitable; puisse-t-il continuer à l'être sans glisser sur la pente qui le porte à n'être que philanthrope! car dès lors il ne mériterait plus de récompense surnaturelle. Puisse-t-il, dis-je, continuer à être charitable, et Dieu le bénira, il lui pardonnera pour cela bien des folies.

Cela ne veut pas dire cependant, mes frères, que tout soit fait dans ce genre. et qu'il n'y ait plus rien à désirer autour de nous. La charité, sans doute, n'a pas encore dit son dernier mot, et peut-être qu'elle ne le dira jamais. Car il semble que la perfection ne soit possible en aucun genre sur la terre ; et peut-être aussi Dieu permet-il qu'il reste toujours du bien à faire, afin d'exciter les cœurs généreux en leur donnant occasion de s'élever par la charité aussi haut qu'aucun de ceux qui les précédèrent. Il faut d'ailleurs entretenir les œuvres commencées, les développer, les perfectionner, et c'est le soin de chaque jour.

Vous m'auriez donc bien mal compris, si vous pensiez qu'en me réjouissant avec vous des œuvres que je vois ici toutes faites, et que je suis habitué, hélas! à ne rencontrer nulle part, dans les pays païens, je voulais dire que vous n'avez plus à vous en occuper, que vous pouvez dormir en paix sans vous demander auparavant s'il est encore des frères qui souffrent. A Dieu ne plaise! Mais vous n'avez point pris le change : vous dire qu'il y a du bon et du beau chez vous, c'est vous engager à rester dignes de vous-mêmes.

Vous avez donc saisi, mes frères, au moins une partie du précepte du Seigneur : *Ut diligatis invicem*, de vous aimer les uns les autres. Mais l'avez-vous embrassé tout entier? Le Sauveur ajoute : *Sicut dilexi vos*. Aimez vous comme je vous ai aimés; et c'est là surtout ce qui en fait un précepte nouveau : *mandatum novum*. Or ce que le Sauveur a surtout aimé en nous, je vous l'ai dit avec l'apôtre saint Jean, c'est notre âme. C'est pour notre âme qu'il a donné sa vie. Eh bien, il est des âmes dans le besoin de beaucoup de manières, et nous leur devons une aumône spirituelle.

plus pressante quelquefois, et toujours plus
précieuse que les secours corporels que nous
leurs prodiguons. Voyons-le dans la seconde
partie de ce discours.

———

Peut-on s'empêcher de sourire de pitié,
mes frères, quand à Bombay et autres grandes
villes du Guzarate, on pénètre dans un vaste
établissement qu'on a vu extérieurement dé-
coré du nom d'hôpital, et qu'on ne voit dans
l'intérieur..... que des bêtes. Gravement et
stupidement persuadés qu'ils font une œuvre
très-méritoire, de nombreux médecins d'animaux (et ces médecins sont des hommes)
s'exposent à se donner le choléra pour traiter
par dévotion, et selon toutes les ressources de
leur art, quelques centaines de chiens galeux,
de buffles écornés, de chevaux estropiés, de
singes dégoûtants de vieillesse ; et puis, par
surérogation, ils jettent au vent des mesures
pleines de céréales, à une nuée de colombes
vénérées. L'homme peut-il descendre si bas ?
Ne ferions-nous pas cependant quelque

chose de semblable, mes frères, si nous pré-
tendions ne secourir que le corps de l'homme?
ce corps qui n'a de supériorité réelle sur les
autres corps de la terre (car un peu plus ou un
peu moins de perfection dans les organes ne
saurait mettre un corps si fort au-dessus d'un
autre corps) que parce qu'il est intimement
uni à une âme raisonnable, parce qu'avec cette
âme il forme un tout capable de sentiment au
lieu de la seule sensation, un tout créé à l'image
de l'Être suprême, et destiné à lui être un jour
uni.

De ces deux portions constitutives de
l'homme, l'âme est donc celle qui le rend vraiment homme, celle qui toujours mérite la pré-
férence. Et, à vrai dire, ce n'est jamais que
l'âme que nous avons en vue de secourir
dans l'homme, quand nous bandons la plaie
d'un corps qui la fait souffrir, quand nous
apaisons la faim qui lui donne des angoisses.
A-t-on jamais vu quelqu'un, en effet, s'apitoyer
sur les blessures d'un automate? Donne-t-on
des remèdes à un cadavre?

Or, si l'âme qui souffre des sensations pé-
nibles est le digne objet de notre charité,

qu'en sera-t-il si elle est en proie à des douleurs morales, si elle est pauvre et dénuée de
richesses spirituelles, si elle s'est égarée dans
le labyrinthe des passions, et qu'elle ne puisse
plus retrouver seule la maison de son père, si,
dans cette maison, elle n'y est jamais entrée,
délaissée qu'elle fut par une mère barbare,
qui l'enfanta dans le péché, sans lui ouvrir la
porte du palais où elle aurait été admise avec la
grâce d'une salutaire régénération?

Or il y en a beaucoup de ces âmes qui souffrent d'intolérables douleurs, et d'autres qui,
blasées sur l'état de dégradation qu'elles ont
seul connu, n'ont presque point la conscience
de leurs misères, et n'en sont que plus dignes
de compassion.

C'est une personne que le malheur a frappée
et qui vous demande l'aumône d'une consolation, d'un conseil, d'une visite dans sa prison
ou dans son domicile, dont elle s'est fait elle-
même une prison. C'est un ami de votre enfance que vous avez connu plein de généreux
sentiments, de délicatesse, de vertu, et que le
monde ébranle; il va tomber si vous ne le soutenez des avis que l'amitié seule a droit de lui

donner, à la place de la Religion dont il s'éloigne déjà trop pour qu'il en entende la voix. Un autre s'est déjà précipité dans l'abîme, il s'est laissé emporter par le tourbillon des passions, il ne vit déjà plus de la vie surnaturelle; un mot de vous le fera peut-être rentrer dans le devoir, ce mot vous le lui devez ; vous sauverez ainsi son âme et la vôtre, dit saint Jacques[1]. Enfin c'est un enfant qui va mourir sans baptême, et que vous pourriez régénérer; ce sont de pauvres idolâtres auxquels vous pourriez procurer la grâce de la conversion; enfants perdus, qui ne savent pas que Dieu est leur père, qui ne sont jamais entrés dans l'Église, dont les portes leur ont été jusqu'ici fermées, et que vous pourriez ouvrir quelquefois, ou du moins concourir à la faire ouvrir plus souvent.

Ces œuvres, les négligerez-vous, mes frères, surtout la dernière, qui vous est moins connue ? Car, pour les frères qui souffrent des douleurs morales autour de vous, vous les secourrez certainement; mais ceux qui ne sont

---

[1] Jac., V, 20.

pas encore nos frères, et que vous pourriez nous aider à introduire dans la maison de notre Père céleste, à ceux-là y pensez-vous? Ils sont loin de vous, c'est vrai, et c'est là ce qui vous empêche de les voir et de les secourir. Mais, si vous les voyiez, je n'en doute point, votre cœur de chrétien serait ému, car la charité ne connaît ni juifs, ni gentils, ni grecs, ni barbares [1]; elle ne voit que les âmes également précieuses, quelle que soit la couleur de l'enveloppe qui les recouvre.

Un jour, comme j'étais, humainement parlant, heureux, dans le pays qui me vit naître, sous le toit paternel, desservant les autels, à l'ombre du haut clocher qui avait abrité mon enfance, je me dis : Par delà les mers il y a plus d'âmes souffrantes qu'ici; allons voir. Et j'allai, et je vis. Et je vis la désolation de la désolation; je vis des peuples innombrables assis encore à l'ombre de la mort, engourdis dans la torpeur, insensibles à leurs misères spirituelles. Pour les réveiller, j'aperçus bientôt qu'il faudrait pouvoir disposer de grands

[1] Rom., I, 14.

systèmes électrisateurs tels que les puissances souveraines en ont entre les mains; mais, n'espérant rien, ne pouvant rien espérer de pareils moyens, je détournai d'abord la vue en versant des larmes, et fermant les yeux sur le compte qu'auront un jour à rendre à Dieu les nations chrétiennes en tant que nations.

Cependant, dans l'impossibilité morale de convertir encore ces peuples en tant que peuples, du moins pourrions-nous opérer de nombreuses conversions individuelles, et amener de loin une régénération sociale par l'influence des écoles, des institutions charitables, par la propagation de bons livres, et autres semblables moyens. Mais, hélas! il nous faudrait pour cela des ressources considérables, et nous ne les avons pas. Sans doute la grâce de Dieu ne reste pas absolument stérile, et nous avons eu plus d'une fois la consolation de verser l'eau de la régénération sur des têtes que l'âge avait déjà blanchies; mais, pour ce qui est des écoles, des hôpitaux pour les pauvres et les malades, de la propagation de bons livres et autres moyens qui agissent doucement sur la masse des populations, voilà que l'hérésie nous arrête, nous dépasse, nous écrase.

Qui ne sait pas quelles sommes énormes les sociétés bibliques envoient chaque année dans l'Inde, par exemple, indépendamment des secours officiels d'un gouvernement hétérodoxe? Que pouvons-nous devant des fleuves d'or? Le peu de bien que nous ferions, si nous étions sans antagonistes, avec les faibles secours que votre charité met à notre disposition, se trouve paralysé par des forces opposées dont la résultante est... quoi? la conversion de ces peuples au christianisme protestant? pas du tout, mais l'anéantissement de tout progrès vers le bien.

Depuis le commencement jusqu'à la fin, le protestantisme promènera la stérilité d'un principe qui n'est fait que pour détruire. Les protestants ne convertissent pas les païens, mais ils les empêchent de se convertir à nous. A quelques exceptions près, leurs prosélytes sont de nos chrétiens qu'ils ont corrompus. Ils vérifient à la lettre les paroles que notre divin Sauveur adressait aux scribes et aux pharisiens de son temps : *Væ vobis, scribæ et pharisæi hypocritæ, quia circuitis mare et aridam ut faciatis unum proselytum, et cum fuerit factus, facitis eum filium gehennæ duplo quam vos* [1]. Malheur à vous, scribes et pharisiens hypocrites, car vous parcourez la terre et les mers pour faire un seul prosélyte, et quand il est fait, vous le rendez digne de la géhenne deux fois plus que vous.

Inexcusable faiblesse, sans doute, chez ces catholiques indiens, qui devraient donner leur vie pour la Foi, et qui sacrifient la Foi à quelques pièces d'or. Inexcusable, oui, mais trèsconcevable assurément. Tous pauvres, et pauvres en grande partie parce qu'ils sont chrétiens, à cause de l'intolérance des coutumes sociales de leurs concitoyens païens, est-il étonnant qu'ils ne résistent pas à l'offre qu'on leur fait de les mettre dans l'aisance en les laissant encore chrétiens, leur dit-on, mais seulement en exigeant qu'ils deviennent protestants? Encore! si nous pouvions les retenir par l'appât si catholique des pompeuses cérémonies de l'Église, de brillantes processions comme ils les aiment tant, par l'orgueil chrétien qui s'attache au temple du Seigneur,

____
[1] Matth., XXIII, 15.

à l'église du village, quand elle est digne de ce nom. Mais rien de tout cela; ni belles églises, ni prêtres suffisants, ni écoles, ni hôpitaux pour les malades, ni asiles pour la vieillesse, rien; ou, si vous voulez, tout cela ébauché, se traînant à côté des mêmes institutions protestantes, mais brillantes ; tel est l'humiliant spectacle qui afflige nos yeux et notre cœur.

Est-il étonnant, après cela, que nos pauvres chrétientés aillent quelquefois s'affaiblissant plutôt qu'elles ne grandissent? Il n'en est pas de même, il est vrai, dans toutes les missions; ailleurs que dans l'Inde, le tableau pourrait être moins sombre et plus consolant; cependant on peut dire que, presque partout, les efforts du protestantisme comblé de richesse nous forcent à désirer des ressources matérielles plus abondantes.

Pardonnez-moi, mes frères, si les misères morales des Indiens ont pris tant de place dans ce discours; car puis-je oublier un instant que je suis missionnaire? Or je voudrais que tous les catholiques intelligents fussent parfaitement instruits du véritable état des missions

sous ce rapport, non-seulement dans ma pauvre province, mais dans tous les pays du monde;
car je suis persuadé qu'en le connaissant bien,
ceux que la divine Providence a dotés des biens
de la fortune, et qui se sentent touchés de
l'honneur catholique, ne souffriraient point que
nous fussions ainsi humiliés par les enfants
de l'hérésie.

Aidez-nous donc, mes frères, à combattre les
combats du Seigneur. Le Seigneur nous a
choisis pour supporter le feu et battre la
charge; notre part est belle, et je m'en glorifie;
mais fournissez-nous les armures de la dé-
fense et les munitions du combat. Ainsi vous
aussi vous combattrez l'ennemi commun, et
vous sauverez des âmes; vous les préserverez
quelquefois de la chute en leur épargnant les
tentations de la misère; souvent vous les con-
firmerez dans la Foi; quelquefois enfin vous
les arracherez du sein du paganisme pour les
introduire dans l'Église, dont Jésus-Christ est

le chef, dans le bercail, dont il est le bon pasteur. Ainsi vous exercerez en même temps la miséricorde corporelle et la miséricorde spirituelle, et tout cela vous le ferez au plus petit de tous; mais Jésus-Christ vous en tiendra compte comme étant fait à lui-même. Puisse-t-il avoir béni mes paroles et touché votre cœur; vous y gagnerez ici-bas la consolation qu'on éprouve à faire le bien, et là-haut la vie éternelle que je vous souhaite, au nom du Père, et du Fils, et du Saint-Esprit. Ainsi soit-il.

SEPTIÈME JOUR

De la Charité à l'égard des Saints, ou de la dévotion aux Saints et à la sainte Vierge.

Tota pulchra es, amica mea, et macula non est in te.

(Cant. IV, 7.)

Vous êtes toute belle, ô ma bien-aimée ! il n'y a pas la moindre tache en vous.

Ces paroles sont prises, mes frères, du magnifique épithalame chanté par l'époux et par l'épouse du cantique où Salomon semble avoir épuisé tout ce que le cœur peut renfermer de tendresse et de poésie. C'est que la religion de la charité, la religion de l'amour, est poétique aussi et pleine d'harmonie. La raison ne cède rien de ses droits, et toujours elle est satisfaite : mais le cœur conserve aussi les siens, et jamais il ne s'est laissé tyranniser par la raison ; encore moins se laisserait-il circonscrire d'un cercle de fer glacial et mortel. Et c'est ainsi que dans la religion du Christ, l'homme tout entier se trouve à son aise, et qu'il nage sans encombre dans le milieu qui lui convient; car Dieu a fait l'homme raison et cœur, intelligence et amour.

Quelle est bien différente cette froide négation de nos frères égarés, qui détruit toujours sans jamais édifier, qui paralyse toutes les forces de l'âme et s'oppose aux battements les plus légitimes du cœur, se tenant constamment enveloppée d'un sombre nuage, semblable aux noirs frimas qui se traînent sous le ciel où elle a pris naissance. Ainsi, mère chrétienne, restez sans consolation, cessez de répéter le nom d'une fille qui vous était cent fois plus chère que la vie, et qui vous fut ravie alors que se développait déjà sa belle âme sous des traits modestes et purs dont la chaste religion relevait la beauté. Fleur plus suave que le lis, plus gracieuse que la rose, elle est tombée avant que le souffle du soir eût terni sa beauté virginale.

Si vous le pouvez, chassez un tel souvenir

de votre mémoire, car c'est en vain que vous l'appelez par son nom; elle ne vous entend pas, dit le fils de Luther! Et si, malgré l'innocente pureté de son âge, il lui reste encore quelque ombre d'imperfection à dépouiller dans le lieu de passagère expiation, avant de se voir irrévocablement unie au céleste Époux qui ne veut que des vierges parfaitement pures, en vain prieriez-vous le Seigneur d'abréger le temps de ses souffrances. Et si déjà elle jouit de la gloire et de la vue de Dieu, en vain la prieriez-vous d'intercéder auprès de Jésus-Christ, son bien-aimé, pour vous assurer la grâce d'être un jour réunies au ciel. Prier pour elle, c'est de la superstition! la prier pour vous, c'est un sacrilége! Horreur! Telle n'est point la religion de Dieu.

Aussi aimable qu'elle est raisonnable, la religion de Jésus-Christ ne connaît point les limites du tombeau. Elle n'empêche point les âmes de se communiquer de ce monde à l'autre. Il n'y a pas entre elles de chaos qui n'existe infranchissable qu'entre le ciel et l'enfer[1].

---

[1] Luc., XVI, 26.

Nous croyons à la communion des saints. Et c'est ainsi que la charité chrétienne est aussi tendre et affectueuse qu'elle est juste, et qu'elle répond à tous les besoins de l'esprit et du cœur.

Les bornes de ce discours ne me permettent point de traiter le sujet tout entier. Je me contenterai donc de ce qui touche à la dévotion que nous pouvons avoir, que nous devons avoir envers les saints, et spécialement envers la bienheureuse et glorieuse Vierge Marie, la plus grande, la plus puissante, la plus douce des innombrables saints qui habitent la cour céleste, plus haut placée que les Anges, les Séraphins, les Trônes, elle qui est la reine des cieux.

O Marie! obtenez de l'Esprit-Saint qu'il mette dans ma bouche des paroles dignes de célébrer votre puissance et de nous confirmer dans la confiance et dans l'amour que nous avons pour vous, ainsi que pour les compagnons de votre gloire. *Ave, Maria.*

Établissons en commençant, mes frères, que la raison conserve tous ses droits dans le culte que nous professons à l'égard des saints. Et d'abord, laissant de côté les témoignages de l'Écriture qui autorisent expressément ce culte ou qui insinuent de mille manières que notre dévotion aux saints est agréable à Dieu, et ne diminue rien de l'honneur que nous devons à Jésus-Christ, avouons en toute sincérité que ce n'est que de Dieu que nous attendons toute grâce, que Jésus-Christ est notre unique Médiateur, que lui seul a sauvé tous les hommes, que les mérites de la Croix sont les seuls dont nous demandons continuellement l'application sur nos âmes, afin de nous rendre dignes de régner un jour avec notre unique Sauveur dans le ciel.

Mais à quoi bon, dès lors, en invoquer d'autres que lui? nous objectent nos frères égarés. Jésus-Christ n'est-il pas assez puissant par lui-même? et sa prière n'est-elle pas suffisante quand il intercède pour nous auprès de son Père, lui montrant les plaies du corps glorieux qui a souffert dans le temps pour le salut du monde?

Sans doute il est assez puissant, sa puissance est sans bornes [1], et c'est de cette puissance que nous attendons tout. Mais y a-t-il contradiction à dire qu'un monarque a seul la souveraine puissance dans son royaume, tandis qu'il use de ses ministres pour l'exercer? N'est-ce pas du roi que découle le pouvoir qu'a le juge de condamner ou d'absoudre? le général de commander les armées? le ministre de signer un traité de commerce et de contresigner la guerre ou la paix? Est-ce offenser le roi que de s'adresser à ceux qui approchent tous les jours sa personne sacrée, d'employer le prince son fils, ou la reine sa douce compagne, ou sa mère au glorieux souvenir, pour en obtenir une grâce, une faveur, un privilége? Cette comparaison a bien des fois été faite; mais n'est-elle pas si frappante, qu'il est impossible d'y résister?

Mais, dira-t-on, Jésus-Christ étant tout puissant, n'a pas besoin, comme les rois de la terre, de ministres ni d'introducteurs pour exercer sa puissance et recevoir les supplications du plus humble de ses sujets. J'en conviens; il n'en a

[1] Matth., XXVIII, 18.

pas besoin; mais toujours reste-t-il établi qu'on ne l'offense point en s'adressant à eux. Et s'il lui plaît qu'on en agisse ainsi, l'offense-t-on en lui obéissant? Et si, sans en faire un commandement exprès, il laisse chacun libre d'aller directement à lui, s'il le veut, ou bien de s'adresser à l'un de ses amis intimes, dont il écoutera plus volontiers la prière que la nôtre, n'aura-t-il pas mis le comble à sa bonté, sans rien céder de sa puissance? et n'aura-t-il pas, en même temps, conservé l'ordre admirable qui règne dans ses autres œuvres, où tout se succède, s'enchaîne et se lie par d'admirables nuances, qui font de diverses parties un tout parfait et plein d'harmonie?

Or telle est notre foi, mes frères. Ce n'est que par Jésus-Christ et en Jésus-Christ que nous serons sauvés [1]; les seuls mérites de Jésus-Christ nous donneront maintenant la grâce et plus tard la gloire. Les mérites surabondants des saints, qui font aussi partie du trésor de l'Église, ont tous été pris dans cette source unique et inépuisable d'où nous est venu tout le

____
[1] *Act.*, IV, 12.

bien. Nous pouvons aller directement y puiser nous-mêmes si nous voulons ; nous pouvons invoquer directement le tendre cœur de Jésus, il écoutera toujours notre prière ; mais il l'exaucera bien mieux s'il la voit déposée aux pieds de son trône par l'un de ceux qui furent sur la terre ses plus fidèles serviteurs, et qui sont aujourd'hui confirmés en grâce auprès de lui, dans le séjour de la gloire. N'y a-t-il point là autant de raison que de douce piété ?

Et cette raison n'est-elle pas confirmée par l'incontestable puissance que des hommes de bien ont exercée sur le cœur de Dieu, ainsi que l'Écriture le reconnaît expressément ? Moïse prie pour le peuple que le Seigneur veut anéantir, et le peuple d'Israël n'est pas détruit[1]. Le grand-prêtre reçoit l'ordre exprès de prier pour les péchés du peuple et d'offrir le sacrifice d'expiation[2] ; le Prophète de désir prie, et voilà que le Seigneur abrége le temps des lois de rigueur, et accélère l'accomplissement de ses promesses[3]. Quoi donc ! ce qu'ils ont pu

---

[1] *Exod.*, XXXII, 10 *et seq.*
[2] *Lev.*, IX, 1 *et seq.*
[3] *Dan.*, IX, 23, 24.

ces élus de Dieu, tandis qu'ils n'étaient que des hommes comme nous, ils ne le pourraient plus parce qu'ils sont plus près de Dieu, plus saints, plus dignes de lui-adresser la parole! Dieu n'était-il pas tout-puissant avant comme après? Lui, qui a fait l'ouïe, n'avait-il pas d'ouïe[1] pour entendre directement la prière du pauvre? N'avait-il pas des yeux, lui qui a fait nos yeux[2], pour voir les misères de son peuple? En vérité, pour que les saints perdissent leur puissance, quand ils deviennent plus saints, il faudrait que le désordre succédât à l'ordre des œuvres de Dieu.

Oui, diront encore nos malheureux adversaires, mais vous adorez les saints! Ici, mes frères, on ne peut s'empêcher d'éprouver une sorte de méfiante tristesse, qui nous indispose quelquefois contre de malheureux frères égarés que nous aimons jusque dans leur aveuglement, et que nous voudrions toujours traiter avec douceur. Car, enfin, s'il est vrai qu'on ne puisse point s'empêcher d'admettre qu'il

---

[1] *Ps.* XCIII, 9.
[2] *Ib., ib.*

n'y ait parmi eux beaucoup de gens de bonne foi, leurs ministres et ceux d'entre eux qui ont des yeux pour lire et une intelligence pour comprendre, nous donneraient lieu d'en douter, quand ils répètent à satiété une si absurde accusation. C'est à tel point que, personnellement, je ne voulais pas croire à cette calomnie avant de l'avoir vue, de mes propres yeux, reproduite sous toutes les formes dans les indignes brochures qu'on jette en pàture à l'ignorance. Je me figurais que cet outrage, qui nous fut lancé par les premiers réformateurs, dont les excès font aujourd'hui rougir ceux-là même qui continuent à professer plus ou moins intégralement leur doctrine, que cet outrage, dis-je, avait été retiré du catalogue des mensonges dont un homme droit ne se fait point des armes.

Comment donc! vous m'accusez sur un mot que j'entends d'une manière et que vous prenez dans un autre sens que moi! De bonne foi, qu'est-il besoin d'autre chose que d'une explication réciproque? que faut-il de plus qu'une définition grammaticale? Cette explication je vous la donne, cette définition je la formule telle que vous la désirez; la voilà écrite sur un impérissable parchemin; l'Église entière l'approuve, et la signe de la griffe de plus de deux cents évêques en y apposant le grand sceau d'un concile général; d'innombrables écrits promulguent cette définition dans tous les coins du monde; et voilà qu'après trois cents ans vous ne cessez de dire aux ignorants, vous le dites, vous le prêchez, vous l'imprimez dans toutes les langues, que nous entendons blanc quand vous dites noir, que nous entendons noir quand vous dites blanc! De bonne foi, est-ce loyal?

Qu'importe le mot? N'est-ce point la chose qu'il signifie qu'on doit toujours considérer? Les mots ont-ils donc une signification par eux-mêmes depuis les blasphèmes de Luther? N'est·ce point toujours à leur définition bien connue qu'on doit s'en tenir plutôt qu'au son qui frappe l'air? Qu'importe donc le mot d'adoration qui en lui-même ne signifie rien, qui dans son étymologie ne signifie point ce que vous lui faites dire, car il sonne à l'oreille également que : s'incliner, le front jusqu'à terre; ou bien : porter à la bouche par respect, *ad os;* qu'importe, dis-je, le mot *ad-oration*, si nous entendons tout autre chose que le culte suprême qui n'est dû qu'à Dieu, qu'à Dieu seul nous rendons, qu'à Dieu seul nous rendrons, avec sa grâce, jusqu'au dernier soupir, fallût-il pour cela courber la tête sous la cangue, ou la présenter au sabre du bourreau?

Accusez donc aussi l'Écriture qui se sert du même mot dans plusieurs circonstances, où certainement il ne s'agit pas du culte suprême. Isaac ordonne aux tribus d'adorer Jacob[1]; Lia et Rachel et Joseph adorent Ésaü[2]; Joseph est plus tard adoré par ses frères[3]; Judith adore Holopherne[4], etc., etc. Accusez donc aussi l'Écriture de faire des dieux de tous ceux qu'elle appelle dieux[5], et qui ne sont pas l'Être suprême!

Non, mes frères, nous n'adorons pas les saints, pas plus que leurs images ni la Croix, en ce sens que nous leurs rendions le culte suprême, le culte de latrie, pour me servir du mot théologi-

---

[1] *Gen.*, XXVII, 29.
[2] *Ib.*, XXXIII, 7.
[3] *Ib.*, XLIII, 26.
[4] *Judit.*, X, 20.
[5] *Ps.*, LXXXI, 6.

que, culte qui n'est dû qu'à Dieu, qui ne convient qu'à Dieu, et à Dieu seul. Nous les adorons, oui, dans ce sens que le mot adoration ne signifie qu'un hommage secondaire, en rapport avec la grandeur de l'objet adoré ; et de cette façon nous pouvons dire qu'un sujet adore son prince, qu'un fils adore son père, qu'une mère adore son enfant, et autres choses semblables.

Mais laissons là ces subtilités de la raison aux prises avec la chicane peu loyale, il est impossible de ne pas le dire, et servons-nous simplement des mots qui sont dans la bouche de tout le monde, des mots honorer, vénérer, respecter les saints ; qu'y a-t-il de plus simple que ce langage, de plus proportionné à la raison et au cœur ?

Et qui de nous pourrait sans ingratitude ne pas reconnaître ce qu'il a plu à Dieu de nous procurer de faveurs par le moyen des saints ? Quoi donc ! je ne puis entrer dans une de vos églises, je ne puis faire un pas dans les pays catholiques, sans trouver des témoignages constants des grâces que le Ciel vous accorde par l'entremise des saints que vous avez priés.

Soyons rigoureux à l'extrême, avouons que

peut-être tel ou tel *ex voto* fut déposé au pied de l'image de votre protecteur, dans un moment d'enthousiasme, qui vous fit regarder comme miraculeux le secours qui vous est arrivé, toujours par la grâce de Dieu sans doute, mais en suivant les lois ordinaires de la nature, que la reconnaissance vous a trop vite fait juger avoir été suspendues pour vous. Eh bien, qu'en conclure? que tous ces témoignages sont faux? Mais alors il faudra dire que vous n'avez plus de sens ni de raison. On peut se tromper quelquefois; mais toujours! ce serait un nouveau miracle.

Mais enfin plusieurs de ces miraculeuses protections des saints ont été rigoureusement observées par l'Église, et l'Église a prononcé son jugement. Qui peut douter de celles-là? qui mit jamais plus de prudence que l'Église dans l'examen des faits miraculeux? Donc nous pouvons conclure qu'il a plu à Dieu d'accorder quelquefois, d'accorder souvent ses grâces, même miraculeusement, par la voie des saints que nous avons priés. Donc, c'est une conséquence rigoureuse, le culte que nous rendons aux saints ne déplaît pas à Dieu; donc les saints ont quelque pouvoir au Ciel. Le cœur l'avait dit, la logique le confirme : *Ab actu ad posse valet consecutio*, dit l'adage de l'école : c'est-à-dire dès qu'une chose agit, il est évident qu'elle existe ; l'effet suppose la puissance de la cause. Ces fondements sont solides, ou il n'y en a point pour la vérité.

Honorons donc les saints, mes frères; prions-les avec confiance, sans nulle crainte de déplaire à Dieu et de diminuer l'honneur qui lui est dû. Au contraire, nous l'honorons ainsi, de même que nous honorons l'ouvrier en nous découvrant avec respect devant le chef-d'œuvre qui est sorti de ses mains; car c'est Dieu qui a fait les saints, et Dieu est admirable dans ses saints, dit le Psalmiste : *Mirabilis Deus in sanctis suis*[1].

Cependant autre est la clarté du soleil, dit saint Paul, autre celle de la lune, autre celle des étoiles, et parmi celles-ci, il en est de plus brillantes les unes que les autres. De même, continue l'apôtre, en sera-t-il à la résurrection

____

[1] *Ps.* LXVII. 36.

des morts [1]. Tous les saints ne sont donc pas égaux dans le Ciel. Tous sont parfaitement heureux, parce qu'ils sont pleins de bonheur, autant qu'ils sont capables d'en posséder; mais tous ne sont pas également heureux, parce qu'il y a entre eux des capacités de bonheur différentes; et partant, sans que personne porte envie à la gloire d'un plus grand saint que lui, parce qu'il possédera de la gloire tant qu'il sera capable d'en posséder, cependant il y aura des saints dont la gloire surpassera la gloire d'autres saints; de même en sera-t-il de la puissance et de tous les autres attributs qui conviennent à la merveilleuse existence des saints plongés dans le sein de Dieu.

Ainsi tout s'harmonise dans le ciel comme ailleurs, comme dans tout ce qui sort des mains de Dieu. Il est donc raisonnable, il est juste, il est dans l'ordre, de rendre aux saints des honneurs divers, proportionnés aux divers degrés de gloire et de puissance dont ils jouissent dans les Cieux. Et c'est ainsi que nous rendons à Marie, la Reine des anges et des saints, un

[1] I Cor., XV, 41.

honneur qui surpasse celui que nous rendons aux autres saints et même aux anges. Arrêtons-nous un instant, et voyons ce qu'il en est de ce culte précieux de la bienheureuse Vierge Marie.

———

Si je n'avais pas été si long dans la première partie de ce discours, ce serait ici le lieu de rapporter les louanges affectueuses et pleines de tendresse que les saints, de tous les temps et de tous les lieux, ont prodiguées en l'honneur de la Reine des Cieux. Il en est dont le cœur filial s'est tellement dilaté, qu'ils semblent avoir quelquefois dépassé les bornes du possible, et être presque tombés dans l'exagération. Il n'en est cependant rien ; car, pourvu qu'on distingue toujours, comme ils l'ont toujours fait. le fini de l'infini, la créature du Créateur, celle dont la puissance découle de l'infinie puissance de Dieu, de celui qui est l'être par essence, qui existe par lui-même, et qui renferme dans sa nature la plénitude de toutes les perfections ; pourvu, dis-je, qu'on fasse cette distinction, ou qu'on la suppose, quand on parle à des chrétiens instruits, à des catholiques, qui n'ignorent pas que toujours on l'entend ainsi ; il n'est rien qu'on ne puisse dire à la louange de Marie, dont la grandeur et la puissance surpassent tout ce que notre faible langage peut produire de sons harmonieux.

Et cette grandeur et cette puissance, d'où lui viennent-elles? D'où lui viennent-elles? De la glorieuse prérogative qui la fit choisir entre toutes les femmes pour devenir la Mère de Dieu. Expression rigoureuse et qui ne renferme aucune contradiction; car, Jésus-Christ étant le Fils unique du Père, éternel comme lui dans sa divinité, né dans le temps, dans son humanité, unique personne dans sa double nature, vraiment Dieu, vraiment homme, Jésus-Christ un, il suit que le Verbe incarné est un homme-Dieu, et que Marie a mis au monde Jésus-Christ Dieu, donc évidemment elle est Mère de Dieu. Non pas mère de la divinité, sans doute; mais non pas seulement mère de l'humanité : car l'humanité du Verbe n'a jamais existé sans l'union de la personne divine ; d'où il suit que Marie n'a jamais été la mère de l'humanité seule du Verbe, mais toujours de ce Verbe fait homme, Dieu. Donc Mère de Dieu.

Ainsi destiné, dès le commencement, à cette union intime, la plus étroite qu'on puisse imaginer entre une créature et Dieu, elle a été dès le commencement pleine de grâce ; à tel point que, tandis que toute la postérité d'Adam croulait dans l'abîme creusé par le péché originel ; elle, qui, par sa nature, aurait dû crouler comme les autres, fut prévenue d'une grâce singulière, unique, qui la soutint, qui la préserva de la chute et de la honte commune, en vue de sa future maternité divine, et par les mérites préexistants du Rédempteur ; mérites auxquels elle doit tout comme nous ; car nul homme n'a été sauvé qu'en Jésus-Christ [1], aussi bien avant sa naissance qu'après la consommation de la rédemption sur la croix.

Jamais donc le démon n'a eu la moindre

[1] *Act.*, IV. 12.

prise sur cette belle âme ; car il ne convenait
pas, dit un saint Père, que celle qui devait
être la Mère de Dieu fût un seul instant l'esclave des puissances de l'enfer. A cela fut
ajoutée une surabondance de grâces qui la
rendit plus belle que le plus brillant des Séraphins ; et, à toutes ces grâces, elle a corres-
pondu dans la plénitude de ses facultés sublimes ; et c'est ainsi que, de son côté, elle a
aussi mérité sa gloire.

Car, un jour, la foule environnait le Sauveur,
étonnée de la sublimité de sa doctrine ; et voilà
qu'une femme, ne pouvant plus contenir l'admiration dont elle était remplie, élève la voix et
s'écrie : Heureux le ventre qui vous a porté, et
les mamelles qui vous ont nourri [1]. Jésus répondit : Oui, sans doute ; mais plus heureux sont
ceux qui écoutent la parole de Dieu et qui l'observent [2]. N'allez pas croire, mes frères, que le
divin Sauveur ait ainsi voulu diminuer le bonheur et la gloire de sa Mère ; il les confirme
au contraire, car il est dit par deux fois dans

[1] Luc., XI, 27.
[2] *Ib.*, XI, 28.

l'Évangile que personne, plus qu'elle, n'a attentivement écouté cette précieuse parole [1], et nous savons que personne plus qu'elle ne l'a plus étroitement et plus amoureusement observée; car les apôtres, effrayés, pourront bien délaisser un moment leur Maître [2], mais Marie le suivra pas à pas sur la route brûlante du Calvaire, jusqu'au pied de la croix. Là, debout [3], le cœur percé du glaive qui lui mérita le titre de Reine des martyrs, elle recueillera les dernières paroles de son fils et elle recevra son dernier soupir, comme elle avait reçu les premiers vagissements qui sortirent de sa bouche divine, dans la grotte de Bethléem.

Ainsi, mes frères, de son côté Marie a fait tout ce qu'il est possible à une créature humaine de faire pour correspondre à tout ce qu'il est possible qu'une créature humaine reçoive de grâce de la part de Dieu. Et voilà ce qui l'a fait appeler toute belle dans le cantique prophétique de Salomon, qui s'applique si bien à

[1] Luc., II, 19.
[2] Marc., XIV, 50.
[3] Joan., XIX, 25.

elle : *Tota pulchra es amica mea et macula non est in te* [1]. Sur la terre, Dieu l'a laissée dans la perfection de son humilité, la plus sûre sauvegarde de toutes les vertus. Mais il avait les yeux sur elle, et du haut de sa gloire il la contemplait avec amour, comme elle le dit elle-même dans le sublime cantique que les saints Pères ont appelé l'extase de son humilité. Que mon âme glorifie le Seigneur, dit-elle..... et le reste; parce qu'il a regardé l'humilité de sa servante [2]. Et le Seigneur fit en elle de grandes choses. Il députa vers elle un ange pour lui annoncer la bonne nouvelle, et attendre, pour ainsi dire, son consentement, avant que d'opérer le mystère de notre salut [3]. A peine a-t-elle consenti, que l'Esprit-Saint la couvre de son ombre [4], les Cieux sont en suspens; les Trônes et les Dominations n'ont jamais reçu tant d'honneur; le Verbe éternel se fait chair dans ses chastes entrailles [5]; et voilà

---

[1] *Cant.*, IV, 7.
[2] Luc., I, 46.
[3] *Ib.*, I, 26.
[4] *Ib.*, I, 35.
[5] Joan., I, 14.

qu'elle est Mère de Dieu, tout en continuant d'être vierge ; cette virginité précieuse, elle la conservera toujours. Peut-on rien imaginer de plus grand dans cette profonde humilité ? *Fecit mihi magna qui potens est* [1].

Mais enfin le temps de la glorification est arrivé, ses paroles prophétiques sont accomplies ; elle avait dit : Et voilà qu'à cause de cela toutes les générations m'appelleront bienheureuse [2] ; et une extase d'amour sépara, pour un instant, sa belle âme d'un corps qui ne devait pas connaître la corruption du tombeau. Et voilà qu'avant que l'heure de la réunion des âmes et des corps ait sonné pour les autres, elle s'élève en corps et en âme jusqu'au plus haut des cieux ; sa gloire fait pâlir la gloire des immortels. Elle voit tout à ses pieds ; au-dessus d'elle, elle n'a plus que l'infinie majesté de Dieu. Et les cieux et la terre la contemplent avec amour ; elle a gagné tous les cœurs vraiment chrétiens.

Le démon seul la poursuit de sa haine

---

[1] Luc., I, 49.
[2] Ib., I, 48.

implacable; mais il est impuissant à ternir sa gloire. Vainement soufflera-t-il le venin de son envie dans le cœur des hérésiarques de tous les temps, depuis Nestorius jusqu'aux derniers des novateurs; en dépit de l'enfer et à la honte des hérésies, le culte de Marie s'étend et s'affermit de plus en plus sur toute la terre, et ses glorieuses prérogatives sont de plus en plus explicitement manifestées et vénérées, à proportion que les ennemis du Christ s'appliquent davantage à le poursuivre de leurs vaines déclamations.

C'est ainsi que les blasphèmes de Nestorius nous valurent la solennelle définition de l'Église, que Marie est vraiment Mère de Dieu; et c'est le nom dont on la salue du couchant à l'aurore, sous les tropiques aussi bien que dans nos contrées tempérées; partout où il s'élève un temple au Seigneur, s'élève à côté l'autel consacré à Dieu, sous le patronage vénéré de sa mère. Et c'est ainsi que les tristes paroles et les écrits plus tristes encore des hérétiques de nos jours, nous ont enfin valu la définition canonique de son immaculée Conception. Depuis longtemps déjà on l'invoquait partout sous ce titre glorieux ; il n'était plus d'église sur la terre qui, jusque dans sa liturgie, avec l'autorisation du Pontife suprême, ne la vénérât comme ayant été conçue sans péché. Ainsi l'Église, en quelque sorte, avait déjà prévenu, comme par acclamation, les prudentes lenteurs de son chef.

Cependant les temps sont accomplis. Au moment où je vous parle, Pierre a dû prononcer la définition dogmatique d'une croyance si chère à nos cœurs. Gloire à Pie IX! qui aura pu ce que tant d'autres saints Pontifes ont désiré, qui aura pu proclamer à la face de la terre que l'Immaculée Conception de la Vierge Marie est un dogme révélé de la foi catholique [1]. Ainsi, de plus en plus s'accomplissent les paroles déjà citées : *Ecce enim ex hoc beatam me dicent omnes generationes.*

---

[1] Ce discours était prononcé à Paris le 9 décembre 1854. La veille, en effet, avait eu lieu à Rome la proclamation du décret dogmatique.

Mes frères, le temps s'est écoulé, et je m'aperçois que, tandis qu'en vous citant les paroles de Salomon je pensais ne devoir parler aujourd'hui qu'au sentiment, je vous ai fait un long sermon dogmatique. Cependant je n'ose presque pas le regretter ; car nous vivons en un temps où nos croyances sont tellement défigurées par d'imprudents langages et par d'éphémères écrits, qu'il est bon de revenir souvent aux principes solides sur lesquels reposent et la foi rigoureuse et la tendre piété. Le cœur aussi, d'ailleurs, a besoin de lumière, j'ai tâché d'y faire pénétrer un rayon de clarté; il fera bien le reste tout seul.

Seulement, animons-nous, en finissant, à conserver brûlant dans nos cœurs l'amour que nous avons eu jusqu'ici pour Marie, l'objet le plus digne d'être aimé après Dieu ; animons-nous à soutenir son honneur, à propager son culte, à étendre sa dévotion la plus pure, la plus aimable, la plus utile de toutes, car elle nous attirera la bienveillance de son Fils, si jaloux de l'honneur qu'on rend à sa mère. Qui de nous, d'ailleurs, n'a pas reçu d'elle quelques faveurs? car elle est aussi no-

tre mère, puisque nous sommes les frères de
Jésus-Christ, et nulle mère ne fut jamais plus
douce à notre égard ni plus bienveillante.
Soyons donc reconnaissants; aimons-la comme
un tendre fils aime la meilleure des mères,
car elle nous aime comme la plus tendre des
mères aime le plus chéri de ses enfants.

Gloire à Dieu, qui a fait toutes choses et sur
la terre et dans le ciel! gloire à Marie, qui
tient de Dieu sa superéminente grandeur!
gloire à tous les saints, dont les mérites glorieux sont des dons de Dieu! gloire et amour,
en attendant que nous soyons appelés, nous,
à partager cette gloire, et à redoubler au ciel
notre amour. *Amen.*

HUITIÈME JOUR

Sur la force chrétienne.

Nous voici donc parvenus, mes frères, à la fin de ces exercices spirituels. L'attention que vous m'avez prêtée me donne l'espérance que le Seigneur les aura bénis, et que cette bénédiction retombera sur vos personnes.

Car c'est la bénédiction du Seigneur qui fera fructifier vos travaux, qui fera grandir vos familles, qui donnera la réussite à vos affaires.

et surtout qui vous procurera cette paix de l'âme qui est la fidèle compagne de l'homme juste, soit que Dieu le fasse marcher dans les voies de la prospérité, soit qu'il l'éprouve par des tribulations, qui sont bien souvent des grâces plus précieuses que le bonheur apparent de ce monde. Mais, pour comprendre cela, mes frères, il faut savoir reconnaître la main de Dieu qui dirige tout; il faut voir Dieu en tout et partout, et surtout il faut l'aimer.

Nous avons essayé de vous faire comprendre qu'il est tout amour, et que la religion sainte qu'il nous a donnée par son Fils, et dans laquelle il nous a fait la grâce insigne de naître, pour ainsi dire, en nous assignant notre place dans un pays chrétien et catholique; que la religion, dis-je, que nous avons le bonheur de professer est toute amour, toute charité; qu'elle se résume dans la charité. Comment donc ne l'aimerions-nous pas? Fût-elle dificile à pratiquer, l'amour qu'elle nous inspire devrait nous faire renverser tous les obstacles; mais nous avons vu que, loin de là, elle est douce et facile; que le joug du Seigneur est doux, que le fardeau qu'il impose est léger [1]. O mon Dieu ! est-il donc difficile d'aimer ?

Cependant une difficulté s'élève, elle ne vient pas de la Religion, mais de nous et du monde qui nous environne. De nous, à cause des passions mauvaises qui nous éloignent nécessairement d'un Dieu tout bon; du monde, qui est l'un des plus puissants instruments dont le démon se serve pour nous gâter, nous intimider et nous perdre.

Il serait insensé de penser qu'il n'est pas besoin de force pour surmonter ces obstacles. Car nous en voyons tomber tous les jours qui étaient bien doués de quelque force, mais qui qui n'en avaient pas assez; ou peut-être se confiaient-ils trop en leur propre force, au lieu de mettre toute leur espérance dans le Seigneur. Mais à vous, mes frères, qui espérez dans le Seigneur, vous dirai-je avec le Psalmiste : Agissez en homme et fortifiez votre cœur. *Viriliter agite et confortetur cor vestrum omnes qui speratis in Domino* [2]. Avec cette con-

---

[1] Matth., XI, 30.

[2] *Ps.* XXX, 25.

fiance et cette force, vous vaincrez vos passions; avec cette confiance et cette force, vous vaincrez le monde. Tel est le sujet de ce discours.

— —

Esprit-Saint, réglez le cœur de ceux qui, pendant ces huit jours, ont reçu la semence de votre parole; arrachez les affections déréglées qui sont comme des herbes sauvages qui l'étoufferaient aussitôt; et ne permettez pas que le monde la foule aux pieds avant qu'elle ait porté ses fruits[1]. Mettez enfin le comble à votre bénédiction en l'arrosant et la fécondant aujourd'hui de votre grâce. *Riga quod est aridum, fove quod est frigidum, rege quod est devinum.* Nous vous le demandons par l'intercession de l'Immaculée Vierge Marie. *Ave, Maria.*

—

[1] Luc., VIII, 5 *et seq.*

Les passions mauvaises, mes frères, ne sont que l'usage désordonné de nobles facultés que nous avons reçues de Dieu et que nous pourrions, que nous devrions diriger, comme tout le reste, à sa gloire. Nous avons vu que tout est accord, harmonie, ordre et perfection dans les œuvres de Dieu. Donc les passions qu'il nous a données seraient aussi dans l'ordre, elles seraient bonnes, si, par l'abus de notre liberté, nous ne les détournions vers le mal, au lieu de les employer à obtenir la fin pour laquelle elles nous furent données.

En effet, qu'est un homme privé du sentiment de sa dignité? sans noblesse, sans grandeur, il se traîne dans la honteuse abjection qui n'est point l'humilité chrétienne. Mais voilà que la noblesse, apanage de l'homme accompli, nous la faisons consister seulement dans un vain titre qui n'est pas l'homme. Nous nous estimons d'ailleurs nous-même au-dessus de la vérité; et, chose monstrueuse! nous méprisons celui qui vaut plus que nous. Voilà l'orgueil. Que serait-il de la glorieuse mémoire de ces hommes pleins de courage et d'énergie, dont le nom seul nous électrise, s'ils s'étaient laissé conduire comme un vil troupeau d'esclaves, qu'un seul mouvement de baguette suffit pour mener à la vie ou à la mort? Mais voilà que nous dépassons les bornes d'une légitime résistance, et à l'irritation, à la colère, succède le désordre de la vengeance. Otez à l'homme la faculté d'aimer, il ne sera plus que la moitié de soi-même. Mais voilà que ce pauvre cœur, nous le laissons s'égarer dans les sentiers d'un labyrinthe inextricable, nous suivons ses caprices au lieu de les modérer, au lieu de les diriger par la raison; nous le donnons à qui ne mérite pas de l'avoir et nous le refusons à qui a droit de le posséder; notre conduite alors, notre amour, c'est de la folie.

Ainsi, mes frères, nos passions sont bonnes en soi, mais nous en abusons, nous les gâtons, nous les rendons mauvaises, et cela, tel est notre aveuglement! pour en devenir les victimes.

Contemplons-en les ravages chez d'autres que nous. Aussitôt nous avouerons qu'elles sont dégradantes, infâmes, cruelles. Il n'est point jusqu'à l'orgueil bien caractérisé qui ne nous inspire du dégoût pour le superbe. Vienne

à passer un être qui s'est laissé troubler jusqu'à perdre sa raison par l'usage immodéré de
cette liqueur précieuse qui donne des forces à l'âme, dit le Sage, et lui inspire une
douce gaieté[1], qui fortifie le cœur[2] et relève la
vigueur d'une vieillesse défaillante, spontanément nous le comparons à la brute. Et qui donc
ne s'est pas apitoyé sur le sort de cette jeune
personne mourante, dont l'éclatante beauté
semblait avoir réuni hier sur elle toutes ses
grâces, dont la précoce imagination balbutiait
des poëmes, dont le cœur trop bon rayonnait
de toute part de suaves vertus! Une mère imprudente, qui eût dû veiller jour et nuit sur
un pareil trésor, l'a laissée s'égarer sans expérience dans des voies à elle inconnues ; elle
crut n'aller cueillir que des roses, et dessous
était caché l'aspic qui lui jeta son noir venin :
elle crut pouvoir savourer ce beau fruit qui
lui parut à l'œil délectable ; elle ne savait pas
que c'était le fruit défendu, et voilà qu'elle
introduisit la mort dans ses entrailles. Mé-

[1] *Eccli.*, XXXI, 35, 36.
[2] *Ps.*, CIII, 15.

connaissable aujourd'hui, la voilà se mourant d'une maladie de langueur; ses beaux traits ont disparu; ce n'est déjà presque plus qu'un cadavre! son esprit s'est éteint, elle ne profère plus que des sons vagues et presque inarticulés; demain elle reposera dans la tombe. Et cet avare, qui au lieu d'user noblement des richesses que Dieu lui a données pour le bien, a collé son cœur à un vil métal, n'est-il pas l'objet de votre juste mépris? De même en est-il de l'abus des autres passions.

Voilà, mes frères, ce que nous voyons tous les jours, ce que vous voyez comme moi chez les autres. D'où vient donc que lorsqu'il s'agit de nous-mêmes, nous ne voyons plus rien, et nous nous laissons entraîner à ce que nous blâmons, à ce que nous condamnons, à ce que nous détestons chez les autres? Inexplicable mystère, si la clef ne nous en était point donnée par un autre mystère qu'entrevit la seule raison naturelle portée à son maximum de puissance. Car l'homme est une intelligence déchue, a dit un profond penseur de l'antiquité, qui n'avait pas eu vraisemblablement connaissance de nos livres saints.

Cette connaissance, à nous, nous explique tous ces désordres, et, ce qui vaut mieux, elle nous en indique le remède. Oui, l'homme est une intelligence tombée[1], il n'est pas sorti tel qu'il est des mains du Créateur. Sa nature est corrompue et sujette à la concupiscence. C'est elle qui nous aveugle, qui nous pousse, qui nous entraîne quelquefois si bas, qu'il est des hommes qui se rendent semblables aux animaux sans intelligence : *Et similis factus est illis*[2].

Cependant, disions-nous l'autre jour, Dieu n'abandonna pas le chef-d'œuvre de sa création sur la terre; aussitôt après la chute un rédempteur lui fut promis, et ce rédempteur est venu, qui, s'il fut admirable dans la formation de l'homme, a été plus admirable encore dans sa réformation, dit l'Église. Par lui nous avons été rachetés de la mort[3] et réintégrés dans la voie surnaturelle[4] dont nous étions sortis par le

[1] *Gen.*, III, 14.
[2] *Ps.* XLVIII, 13.
[3] *Hebr.*, II 14.
[4] 1 *Joan.*, III, 14.

péché. Cependant il a voulu que la concupiscence restât, comme un terrible avertissement
de la chute première, et aussi pour nous procurer le mérite de la victoire après les fatigues
du combat. Car il n'y a que celui qui com-
battra vaillamment qui sera couronné[1], dit
l'Apôtre.

Il nous a donc laissé la concupiscence ; mais
il nous a prodigué sa grâce, qui ne manque à
personne, et par les mérites de sa croix tous
peuvent être sauvés ; seulement celui qui nous a
racheté sans nous, dit saint Augustin, ne
nous sauvera pas sans nous ; il veut que nous
concourions à notre salut en correspondant à
ses grâces. Il nous a fait l'honneur de ne pas
nous violenter dans le bien, en même temps
qu'il n'a pas permis à la concupiscence de nous
violenter dans le mal. Il nous a rendu la pleine
liberté par le contre-poids de sa grâce ; mais
il veut, il exige que nous concourions à l'œuvre de notre rédemption en coopérant à cette
grâce et en puisant à pleines mains, si nous
voulons, dans les trésors qu'il a mis à notre

----

[1] II Tim., II, 5.

disposition; ou bien que notre perte soit décidément la nôtre, si nous refusons de faire le bien, qu'il nous a rendu facile par cette grâce, en nous livrant à la concupiscence qui engendre le péché, et le péché engendre la mort, dit saint Jacques[1]. Ainsi notre salut sera son œuvre, mais il sera aussi la nôtre. En couronnant nos mérites, il couronnera ses propres dons, sans qu'ils cessent d'être de vrais mérites, tandis que notre damnation sera notre œuvre (Dieu nous en préserve!) serait, dis-je, nôtre œuvre personnelle, à nous propre; et c'est ce qui la rendrait terrible, car on peut accepter un mal inévitable, mais celui qu'on s'est fait à soi-même, quand on pouvait l'éviter et le remplacer par le suprême bonheur, on ne se le pardonne jamais.

Il est vrai qu'il faut du courage, de la force, de la persévérance dans ce noble combat de la grâce contre la concupiscence et les passions. Mais y aurait-il de l'honneur à vaincre un adversaire sans puissance et désarmé? Il faut de la force, mais cette force nous est donnée immense

---

[1] *Jac.*, I. 15 *et seq.*

en celui qui est lui-même la force, le vainqueur de la mort et de l'enfer[1]. O mort! où est donc maintenant ta victoire? qu'est devenu ton aiguillon : *Ubi est, mors, victoria tua? Ubi est, mors, sti ulus tuus* [2]? Écrions-nous donc, avec saint Paul, qu'en Jésus-Christ nous sommes puissants, que nous pouvons tout en celui qui nous fortifie : *Omnia possum in eo qui me confortat* [3].

Mais le monde, le monde! comment le vaincrons-nous? Nous le vaincrons par la force de la foi : *Hæc est victoria quæ vincit mundum fides nostra* [4], dit saint Jean. C'est ma seconde partie.

La Foi, mes frères, c'est plus qu'une conviction. La conviction repose seulement en effet sur le raisonnement humain. Infaillible quelquefois

[1] *Hebr.*, II, 14.
[2] I *Cor.*, XV, 55.
[3] Phil., IV, 13.
[4] I Joan., V, 4.

sans doute, mais seulement lorsqu'il ne s'éloigne pas beaucoup des premiers principes, des
axiomes, ou bien lorsqu'il ne s'en éloigne que
mathématiquement par l'enchaînement rigoureux de corollaires à corollaires, comme dans
les sciences positives. Hors de là une conviction est toujours plus ou moins problématique;
car, pour si évidente que nous apparaisse la
proposition déductive que nous soutenons,
elle est presque toujours contredite par des
esprits qui nous valent et dont nous ne pouvons soupçonner la bonne foi. De sorte que
presque toujours il nous est permis de douter
de nos convictions, par ce principe réflexe :
Des hommes de bien, des hommes de science,
des hommes de talent pensent autrement
que moi, est-il donc bien sûr que ce ne soit
pas moi qui me trompe? Il est des exceptions,
sans doute, et je suis loin de vouloir prêcher
ici l'affreux Pyrrhonisme; il est des cas où l'on
peut être indubitablement convaincu par la seule
raison naturelle; mais, je le répète, ce n'est guère
que lorsqu'on ne s'éloigne pas des premiers
principes, et dès lors on n'a point pour contradicteurs des hommes sérieux. Par exemple,

14.

pourriez-vous douter, quand même vous seriez
contredits par quelques esprits excentriques,
passez-moi l'expression, de l'existence de Pé-
kin que vous n'avez pas vu, de l'éloquence de
Cicéron dont l'harmonieuse prosodie ne frappa
jamais vos oreilles? Mais hors de là, la conviction humaine repose presque toujours sur une
base plus ou moins fragile.

La Foi, ai-je dit, est plus qu'une conviction;
car, indépendamment de ce qu'elle est appuyée
sur des raisonnements solides, et plus solides
que ceux qui supportent la plus solide théorie
scientifique quelconque; elle repose de plus
sur l'Esprit-Saint qui l'infuse, sur la souveraine
vérité qui la révèle, sur la grâce qui pénètre si
bien notre âme, que tant qu'elle existe il est
comme impossible de douter.

Eh bien! l'on meurt pour une conviction, et
l'on ne mourrait point pour sa foi? Quoi donc!
vous vous accuseriez de lâcheté si, par une
crainte humaine quelconque, vous cessiez un
instant de penser, de parler, d'écrire, d'agir,
selon vos convictions, profondément conçues,
prudemment admises, définitivement adoptées;
et vous rougiriez de soutenir en public, de dé-

fendre ouvertement votre foi ? et s'il fallait mourir pour elle, hésiteriez-vous ?

Mourir pour elle ! Eh ! mon Dieu, rien ne fait présumer que vous soyez jamais appelés à cet honneur ! Très-vraisemblablement vous n'aurez pas même à souffrir pour elle une grave injure, ou la perte de vos dignités, de vos richesses, de votre position dans le monde. Qu'avez-vous donc à craindre ? Quelques fades railleries, quelques allusions satiriques, quelques murmures de l'envie, quelques froideurs de la part de vos amis, peut-être ; encore soyez sûrs à l'avance que ces amis ne sont pas de véritables amis. Et c'est devant ces faibles obstacles, devant une opposition si méprisable que vous consentiriez à devenir lâches et timides ! Car enfin, n'est-ce point de la lâcheté que de sentir la foi vivante dans le cœur, et de n'oser agir au dehors comme ayant la foi ? En vérité, craindre où il n'y a pas de crainte, serait-ce digne de vous ?

Eh quoi ! levez les yeux au ciel et voyez : voyez cette foule innombrable de saints, dont nous parle saint Jean, de toutes nations, de toutes tribus, de peuples divers, et de langues différentes ; ils sont debout devant le trône de l'Agneau, revêtus de robes blanches, et tenant des palmes à la main [1]. Qui sont-ils ? sont-ce des êtres d'une autre nature que vous ? n'ont-ils pas vécu dans le monde comme vous ? Oui, certes ; mais ils l'ont vaincu par la foi. Pourquoi donc ne pourriez-vous pas le vaincre, vous qui avez la même foi ?

Saint Augustin tergiversait encore devant la résolution définitive d'une sincère conversion ; il se sentait découragé devant la difficulté, que le démon grossissait à ses yeux, de vaincre le monde, quand le Seigneur lui fit la grâce d'une vision semblable à celle du prophète de Pathmos. Il vit une foule de saints, des hommes, des femmes, des vieillards, des enfants, qui avaient triomphé du monde et de l'enfer. A cette vue, il sent naître en lui-même une sainte émulation, et il s'écrie : Quoi donc ! ne pourrais-tu pas toi-même ce qu'ont pu ces hommes-là, ces femmes-là ? *Tu non poteris quod isti et istæ ?* Aussitôt sa résolution fut prise, et plus tard il ne pouvait pas se lasser de bénir le Sei-

____

[1] *Apoc.*, VII, 9.

gneur du bonheur qu'il éprouvait à le servir.

Adressons-nous à nous-mêmes, mes frères, de semblables reproches et de semblables encouragements. Des hommes comme vous, vivant dans le monde comme vous, nés sous le même ciel que vous, pas plus doués que vous d'intelligence et de force naturelle, se sont sauvés en surmontant les obstacles que leur offrait le monde; et vous ne le pourriez pas!

Que dis-je, des hommes comme vous! Des hommes bien au-dessous de vous pour le génie et leurs autres qualités naturelles, et placés au milieu de circonstances bien plus difficiles que celles qui vous entourent, ont surmonté le monde et vaincu par la foi. Car, ainsi que je l'ai dit, la foi, n'étant pas une conviction humaine, peut se trouver bien plus grande chez l'homme de bien ignorant et grossier, que chez le savant superbe ou sans vertus surnaturelles. Ainsi nous voyons chaque jour de pauvres Indiens, si faibles de caractère, sacrifier à la foi leur fortune et leur position sociale. Sans doute il y en a peu, mais il y en a, et c'est assez de quelques-uns pour nous couvrir de honte, si nous les laissons devenir nos maîtres.

Les Indiens ! mais il existe des peuples plus
bénis de Dieu que les peuples de l'Inde ; peuples
néanmoins très-inférieurs, sous une foule de
rapports, aux peuples de l'Europe, et chez lesquels les exemples d'un noble courage religieux ne sont pas si rares. Demandez-le aux
généreux missionnaires qui, plus heureux que
nous, ont eu la grâce d'être envoyés dans les
sanglantes missions de la Cochinchine et du
Tong-King ; demandez-le aux vénérables martyrs de ces lieux, qui ont mêlé leur sang au
sang de nos confrères. Permettez-moi de vous
citer ici un long passage écrit il n'y a pas longtemps par un de mes vénérés collègues et mon
ami :

« Demandons-le, s'écrie-t-il, à Pierre Tuy, ce
« vénérable vieillard qui répondait à l'annonce
« de sa sentence de mort : « Non, jamais je n'au-
« rais osé espérer une si douce et si précieuse
« grâce. » Demandons-le à Vincent Diem et à
« Pierre Khoa, unis, dans le supplice et dans
« le triomphe, à notre illustre martyr, le vé-
« nérable Borie, de si belle mémoire. Deman-
« dons-le à Jacques Nam, que les fidèles entou-
« raient comme une vivante relique au moment

« de son supplice, s'apprêtant à recueillir,
« comme autrefois les chrétiens de Rome, le
« sang précieux auquel le glaive du bourreau
« allait ouvrir une large source. Demandons-le
« à Pierre Khoan, à Pierre Thi, à André Lac,
« si touchants dans leurs protestations d'invio-
« lable respect pour le signe vénéré de la ré-
« demption et de la paix du monde ; à Luc Loan,
« sublime octogénaire, dont les cheveux blan-
« chis sous le joug aimable du Sauveur, répon-
« daient aux sollicitations impies des tyrans
« par ces paroles d'un autre vieillard mis à
« mort pour Jésus-Christ : « Il y a quatre-
« vingts ans que je le sers ; je n'ai reçu de lui
« que des bienfaits, comment pourrais-je con-
« sentir à l'outrager ? » Demandons-le à Joseph
« Nghi, à Paul Ngam, à Martin Tiuh, ces trois
« courageuses victimes tourmentées et couron-
« nées ensemble. Demandons-le à ceux qui, dans
« le Tong-King oriental, illustrèrent l'Église
« confiée aux soins apostoliques de nos frères les
« enfants de saint Dominique ; à Pierre Tuan,
« qui porta si généreusement sa lourde cangue
« près de la cage où le dominicain espagnol
« Fernandez glorifiait le Seigneur ; à Vincent

« Yen, enfant tong-kinois de Saint-Dominique;
« à Bernard Dué, si impatient d'aller rejoindre
« au ciel, et par la même route, le grand évê-
« que dominicain Delgado ; à Dominique Hanh,
« dont la tête inclinée profondément pour la
« dernière prière de ce monde se releva pour
« retomber aussitôt, mais cette fois bien glo-
« rieuse, sous les coups du bourreau. Deman-
« dons-le à Joseph Vien, à Pierre Tu, à Domi-
« nique Tuoc, généreux représentants du clergé
« séculier ou dominicain indigène; à Thomas
« Du, le saint Bernard de l'Église annamite à
« cette époque; à Dominique Doan, surpris
« par les soldats au moment où son cœur pa-
« ternel s'épanchait avec les chrétiens, ses en-
« fants, dans une religieuse fête de famille; à
« Joseph Hien, dont les chrétiens recueillaient,
« comme un trésor, le sang profané par l'im-
« piété des bourreaux. Demandons-le enfin à
« Dominique Trach, à qui l'impatience des
« tyrans ne permit pas d'attendre en paix la
« mort prématurée promise à une maladie in-
« curable, contractée dans les travaux du saint
« ministère. »

Et tous ces noms, mes frères, ce sont les

noms de glorieux martyrs égorgés dans notre siècle ou peu auparavant. Or il en est bien d'autres qui, sans verser leur sang, ont été de glorieux confesseurs du Christ.

Et ne croyez pas que le seul clergé se soit trouvé vainqueur des tyrans dans cette noble lutte qui dure encore ; je pourrais ajouter une longue liste de ces noms propres monosyllabiques d'enfants, de pères de famille, de femmes... Mais c'est assez. Quoi donc, chrétiens, *tu non poteris quod isti et istæ?* Vous, enfants de chrétiens, enfants de la catholique France, vous ne pourriez pas ce que peuvent des Chinois, des Cochinchinois, des Tong-Kinois, des Indiens?

Mais on ne vous en demande pas tant. Je le répète, il n'est aucune probabilité que vous soyez appelés au martyre, et peut-être, si vous aviez à braver les tourments et la mort, vous vous sentiriez plus de courage que pour mépriser une basse ironie et le qu'en dira-t-on d'un monde intolérant et méchant.

Quoi qu'il en soit, qu'il faille plus de force ou non pour se rendre vainqueur des obstacles de tous les jours que pour affronter le martyre, toujours est-il que cette force, vous ne sauriez manquer de la trouver dans la Foi. *Et hæc est victoria quæ vincit mundum, Fides nostra*[1].

Foi et amour, que ce soient là les derniers mots que ma bouche prononce en vous disant adieu. Heureux, vous qui fûtes élevés dès l'enfance dans la Foi de nos pères, qui nous ont laissé des monuments éternels de leur religion. Creusez la terre que foulent vos pas, vous remuerez la poussière des saints ; levez les yeux, les pyramides que surmonte la croix, les dômes de nombreuses églises, le marbre transformé en images vivantes des saints, tout vous dit que depuis que saint Denis porta ses pas sur les rivages de la Seine, depuis que saint Remi versa l'eau de la régénération sur le premier de nos rois, la France fut chrétienne, de même que les monuments druidiques et les débris des temples d'idoles nous disent qu'elle

[1] *Sup.*

était païenne sous la république de Rome et les premiers Césars. Souvenez-vous donc que vous êtes les enfants des saints, et rendez-vous dignes de vos pères. Soyez chrétiens et de nom et de fait.

Pratiquez une religion si raisonnable, si aimable, si douce, si sociable, et qui, si vous la comprenez bien, fera votre bonheur, même dans ce monde; car la religion du Christ, c'est la charité; et d'une source de charité que peut-il découler, sinon la paix, la douce paix du cœur, et la paix avec ses frères? Il est vrai qu'il faudra quelque courage, et pour vous vaincre vous-mêmes et pour vaincre le monde; mais du courage! en manquez-vous? Voudriez-vous d'une couronne que vous n'auriez pas méritée? Le ciel souffre violence, a dit Notre-Seigneur, et les braves l'emportent[1]. N'est-ce point plus glorieux que s'il nous était donné spontanément? Ayez d'ailleurs confiance, car le Seigneur est avec vous, et il nous a promis de nous porter secours au besoin[2], d'exaucer

[1] Matth., XI, 12.
[2] Ib., XI, 28.

toutes nos demandes[1]. Mettez en lui votre espérance, et le Seigneur vous bénira.

Puisse-t-elle tomber sur vous, mes frères, cette bénédiction douce et abondante, puisse-t-elle entraîner avec elle toute sorte de bonheur, et devenir ainsi le gage du bonheur éternel, que je vous souhaite au nom du Père, et du Fils, et du Saint-Esprit. Ainsi soit-il.

[1] Marc., XI, 24.

DISCOURS

Sur la Puissance de Marie pour opérer la Régénération religieuse de la France.

Omnis gloria ejus Filiæ Regis ab intus.
(Ps. XLIV, 14.)

Toute la gloire de la Fille du Roi est dans son intérieur.

Oui, mes frères, la gloire de Marie est toute
renfermée dans son cœur, dans ce cœur immaculé qui fut dès le principe comme un sanctuaire d'amour où le Seigneur a fait sur-
abonder sa grâce. Jeune, timide, ignorée de
l'univers entier, oubliée jusque dans sa tribu,
qu'avait donc fait Marie pour s'attirer l'attention du Très-Haut ? N'en cherchons pas ailleurs
la cause, mes frères, c'est que le cœur de Ma-

rie était, dès le commencement, rempli de grâce et d'amour.

Je vous salue, pleine de grâce[1], lui dit l'Archange venant au nom de Dieu. Et voilà que le cœur de Marie, déjà presque divin, sent vibrer à ses côtés le divin cœur de Jésus, par son intime union avec le Verbe fait homme[2]. Dès ce moment, il s'étend, il se dilate au delà de toute mesure ; et puis, pas un mystère nouveau, pas une action de Jésus, pas une parole de ce divin Fils qui ne vienne encore enrichir le cœur de la mère ; car elle conservait avec soin toutes ces paroles, dit l'Écriture, et elle s'en entretenait dans son cœur[3].

Et c'est ainsi, mes frères, que le Seigneur préparait le cœur de Marie sur la terre, pour en faire dans le ciel un vase d'élection par excellence, un océan de grâces sans limites et sans fond, que Jésus-Christ son Fils a rempli, pour que Marie déverse continuellement ses dons sur ses autres enfants.

Aussi ne l'invoque-t-on jamais en vain, s'é-

[1] Luc., I, 28.
[2] Joan., I, 14.
[3] Luc., II, 19.

crie saint Bernard, et nous avons expérimenté la vérité de cette parole; nous l'avons invoquée dans des temps mauvais, et Marie a écouté notre prière. Est-ce à vous, mes frères, est-ce dans ce temple qu'il faut le rappeler? Cet autel n'a-t-il pas été, sous le manteau de Marie, l'un des puissants instruments de la miséricorde de Dieu pour la régénération religieuse de la France? Que de pécheurs sont venus puiser ici la grâce d'une conversion sincère; que d'âmes généreuses sont venues se fortifier dans le bien!

Si nous interrogions les pierres de ce temple, les ornements de cet autel, que ne diraient-ils point de la puissante protection de Marie! Mais laissons aujourd'hui les faits particuliers, les merveilles qui se renouvellent sans cesse dans ce pieux sanctuaire, pour jeter un coup d'œil d'ensemble sur l'état actuel de notre sainte religion en France, et nous verrons que le culte qu'on rend à Marie est une des causes les plus puissantes d'un salutaire retour vers le bien, et l'un des plus puissants motifs de notre confiance dans les progrès et l'affermissement de ce bien.

15.

Mais, avant tout, implorons les lumières du Saint-Esprit par l'entremise de celle dont nous prétendons célébrer la puissance. *Ave, Maria.*

———

Le monde bouleversé et la religion de Jésus-Christ comme sur le point de faire naufrage, voilà ce qu'on a vu il n'y a pas longtemps. — Cependant de toute part on invoqua Marie avec un élan de zèle qui n'avait peut-être pas eu jusque-là d'exemple. Étoile de la mer, elle apparaît aussitôt brillante de lumière, ses rayons dissipent l'orage, et le calme succède à la tempête. — Néanmoins la mer est encore agitée; de noirs nuages se traînent à l'horizon et nous menacent; mais le constant recours à Marie, le redoublement de votre zèle et vos ferventes prières nous remplissent de confiance. Marie est assez puissante pour accomplir la régénération religieuse de la France, déjà si heureusement commencée. Ces trois réflexions rempliront le sujet de ce discours.

———

On demande des miracles ! Le Seigneur ne les refuse pas à notre piété ; chaque jour nous en apporte de nouveaux. Est-ce en présence de cet autel, en face de cette image vénérée qu'on oserait le contester ? Mais le plus grand des miracles, n'est-ce point celui de voir la religion du Christ encore debout, puissante, que dis-je ! plus puissante peut-être qu'elle ne fut jamais, après tout ce qu'a fait l'impiété pour la détruire jusque dans ses fondements ?

Ne craignons pas de rappeler à notre souvenir ces lugubres époques de notre histoire ; elles confirment encore une fois cette parole sortie de la bouche de notre Divin Sauveur : Tu es Pierre ; et sur cette pierre j'édifierai mon Église, et les portes de l'enfer ne prévaudront jamais contre elle [1]. Et celle-ci : Je suis avec vous jusqu'à la consommation des siècles [2].

Il fut un instant où les faibles dans la foi purent douter de l'infaillibilité de cette promesse : quand on vit nos autels renversés, l'image de la rédemption profanée, nos tem-

[1] Matth., XVI, 18.
[2] Ib., XXVIII, 28.

ples transformés en lieux de débauche, et témoins de sacriléges orgies.

Oui, mes frères, nos pères ont vu commencer et nous avons vu continuer la plus dangereuse des persécutions qu'ait jamais eu à soutenir l'Église. Autrefois, ou des tyrans cruels, ou la perfide hérésie lui avaient fait la guerre, ajoutez l'ignorance, si vous voulez; mais dernièrement tout s'est uni pour nous combattre. La science faisait alliance avec l'erreur pour séduire les intelligences, tandis que le sang des martyrs rougissait nos places publiques, et qu'un dieu de chair prenait place sur les autels du Dieu jaloux. Ainsi l'on redevenait barbare.

Toute une génération impie avait semé le vent, et la tempête s'éleva[1] si puissante, qu'elle menaçait d'anéantir jusqu'au nom de Dieu. Elle était trop violente, c'est vrai, pour qu'elle pût durer; mais l'impiété ne perdit pas courage. Après la tourmente, elle recommença son œuvre souterraine, plus dangereuse peutêtre que la violence ouverte.

[1] Osée, VIII, 7.

Ainsi la cruauté cessa, mais le honteux commerce de la vérité avec le mensonge fut cimenté plus intime, peut-être, qu'auparavant. Des hommes doués des plus nobles talents ne craignirent pas d'employer toute leur puissance intellectuelle à détruire les vérités religieuses, en abusant des vérités naturelles dont leur esprit était orné. Sous la forme d'une éloquence réelle et d'une feinte bonne foi, des hommes d'ailleurs vraiment savants unissaient à de laborieuses investigations des systèmes antichrétiens capables de séduire les élus du Seigneur. D'autre part, l'histoire était dénaturée, parsemée de scandaleux épisodes, altérée dans l'ensemble des faits, et cela dans presque toutes les productions littéraires de tout un siècle.

Pour multiplier ces productions de l'impiété, mille bras furent mis au service du mensonge, et l'imprimerie, portée à son état de perfection, reproduisait sous toutes les formes, et les ouvrages qu'on appelle sérieux, et les pamphlets qui s'adressent à la multitude, et les romans que la jeunesse imprudente dévore. Ainsi le poison pénétrait la société par tous les pores. Que dis-je! on essaya et l'on ne réussit que trop à l'attaquer dans son germe en infectant les écoles.

Jusque-là, elles avaient été, celles du moins dont les maîtres s'adressent à la délicate intelligence du jeune âge, elles avaient été, dis-je, le sanctuaire des vérités incontestables. Mais voilà que, jusque dans les livres que les jeunes enfants ont entre les mains, on ne respecta plus ni la foi ni la pure morale, et des images y furent accolées pour qu'ils apprissent le blasphème avant de savoir épeler.

Ah! ne condamnons pas avec trop de rigueur ceux que nous voyons encore autour de nous, pleins de préjugés contre l'admirable religion chrétienne. Plaignons-les plutôt, et prions pour eux; car tel est le lait dont ils furent nourris, à cet âge où l'esprit comme le corps se forme et se développe selon les premières impressions qu'il reçoit. Pour nous, bénissons le Seigneur, si nous n'avons pas été entraînés dans l'abîme de l'indifférence ou de l'irréligion. Naturellement, nous devions tous périr; mais le Seigneur avait des vues de miséricorde sur la France; il ne permit pas que le démon régnât sur ces débris. Encore une fois il voulut sauver la France et le monde, et nous allons voir comment le culte de Marie devint, dans cette miséricorde, l'un des plus puissants moyens de retour vers le bien.

<hr>

Plus que jamais, il semblait donc que les enfants de Dieu, qui sont aussi les enfants de Marie, dussent être écrasés sous la pression des enfants des hommes. Mais voilà qu'ils se souvinrent que leur mère est toute-puissante au Ciel ; vers elle ils élevèrent leurs bras et leur cœur, ils l'invoquèrent avec foi et amour ; et, Marie, retenant d'une main le bras irrité de son Fils, tandis qu'elle puisait de l'autre dans les trésors de ses grâces, laissait tomber sur la terre une pluie de bénédictions. Et comment aurait-elle fermé l'oreille à de si douces prières, à de si vives invocations ?

La prière secrète du cœur avait précédé toute manifestation extérieure. Sous les étreintes de la persécution, on n'avait pas oublié que le plus sûr moyen de faire violence au cœur de Dieu est de la faire d'abord au cœur de Marie. Elle entendit nos soupirs, elle vit nos larmes; elle porta nos prières au pied du trône de l'Éternel. Et voilà qu'il nous fut permis de respirer encore.

Aussitôt, de toute poitrine vraiment chrétienne s'échappe une parole de reconnaissance et d'espoir. Or c'était un hymne de filiale confiance envers le Refuge des pécheurs, la Consolatrice des affligés, la Mère des miséricordes. L'élan fut spontané, généreux, universel, chez tous ceux qui avaient conservé une étincelle de foi et de charité.

A peine, d'ailleurs, put-on se grouper de nouveau sans crainte aux pieds des autels que surmonte la Croix, qu'on vit se former partout de pieuses congrégations vouées à la Vierge Marie. Elles se multiplièrent autant et plus qu'il y a de villes en France. Là, d'innombrables jeunes filles d'une part, de l'autre des jeunes gens moins nombreux, il est vrai, mais pleins de courage et d'énergie, apprirent à mêler le doux nom de Marie aux noms qui leur inspirent le plus d'amour et de tendresse;

et les fleurs blanches que les uns et les autres déposaient aux pieds de la Vierge très-
pure étaient pour eux comme un engage-
ment à pratiquer la vertu, qui, seule, suffirait
pour rajeunir le monde.

Ainsi, dans les petits séminaires, et même
dans les colléges, où la vertu du jeune adoles-
cent, hélas! était si fort exposée, on vit des
jeunes gens se faire honneur de se ranger sous
la bannière de Marie. La candeur de leur chaste
front ne contredisait nullement, dailleurs, les
sages paroles qu'ils se hasardaient à glisser
de temps en temps à l'oreille de leurs cama-
rades, secrètement envieux de leur bonheur;
tandis que, dans leurs balbutiements littéraires, ils aimaient à célébrer les gloires de Marie. Un grand nombre d'autres, même des plus
timides, conservaient sous l'uniforme du collége
la médaille bénite que leur avaient confiée
leurs pieuses mères le jour du départ, dans
les embrassements d'une craintive émotion.
Et cette médaille, ils la baisaient quelquefois
à la pâle lueur des lampes du dortoir, à l'heure
de la retraite.

L'éducation des filles fut généralement plus

heureuse, plus pieuse, plus édifiante. Il n'est peut-être pas une pension où l'on ne les vit, à l'heure du travail des mains, s'essayer, d'une aiguille encore hésitante, à tracer les armoiries de Marie sur le premier velours qu'on leur ait confié.

Ah ! croyez-le, mes frères, du haut des Cieux Marie regarda ces enfants avec tendresse ; elle les bénit, elle bénit leurs parents, elle bénit leur patrie.

L'abîme invoque un autre abîme, dit le Prophète [1]. De même une bénédiction invoque une autre bénédiction. Marie va faire des prodiges pour la France, où tant d'enfants lui sont dévoués. Et voilà qu'elle apparaît à une vierge pieuse, les mains rayonnantes de lumière. Elle ne vient donc point pour menacer, mais pour bénir.

Cette vision est à peine connue que le monde pieux partage avec émotion la confiance qu'elle inspire. L'invocation qu'elle proclame a-t-elle à peine frappé nos oreilles, que le cœur éclate de toute part en témoignage de vénéra-

---

[1] *Ps.* XLI, 8.

tion pour le glorieux privilége de Marie qu'elle
rappelle. La médaille miraculeuse se multi-
plie comme le sable de la mer, l'homme de
lettres, le savant, le général d'armée, ne crai-
gnent point de la poser sur leur poitrine,
aussi bien que l'humble femme du peuple et
le laboureur des champs.

Cependant le développement de la vie religieuse grandit, et la France, qui a besoin de
dilater son cœur au delà de ses frontières,
quand il s'agit de faire du bien, voit naître
dans son sein des institutions nouvelles, qui
porteront son nom, ses bienfaits et sa gloire
chez les nations, faisant revivre en elles l'esprit
des institutions que sapa l'impiëté, et secon-
dant le zèle de celles qui durent encore. Sous
quel vocable et sous quel drapeau se réuni-
ront ces nouveaux religieux, ces nouveaux
apôtres? On les appellera Maristes, Oblats de
Marie, enfants du saint cœur de Marie ou
d'autres noms semblables; et, sous l'égide de
Marie, ils iront porter jusqu'aux limites du
monde et le nom de la France et le témoignage de sa piété envers la reine des Cieux.

Mais il existe de vieux pécheurs, des âmes

encroûtées dans le vice, des intelligences fermées à toute lumière surnaturelle, qui ont à
peine appris que ce mouvement religieux s'o-
père à côté d'eux ; ou, si, par hasard, il en est
arrivé quelque chose à leurs oreilles, ils n'ont
fait que sourire avec dédain et mépris. Et
voilà qu'un prêtre suscité de Dieu a essayé
de s'adresser au tendre cœur de Marie, spécialement pour la guérison de ces pauvres
aveugles. Le Seigneur a béni sa prière, et l'humble église de Notre-Dame-des-Victoires est devenue, par le zèle du vénérable pasteur qui la
gouverne, l'un des plus célèbres pèlerinages du
monde. Du matin au soir, on y voit de nombreux fidèles agenouillés devant l'image miraculeuse dont la seule vue a converti des milliers de pécheurs.

La gloire de cette église a traversé les mers ;
Dieu a témoigné par des prodiges que ce temple, cet autel et cette image lui sont agréables.
Le Pontife suprême a déposé son offrande au
sommet de la couronne, dont une basilique insigne a voulu orner le front des images de Marie et de son adorable Fils. Et les pécheurs se
convertissent ; ici les loups se changent en

agneaux; l'ennemi rengaîne l'épée déjà parée contre son adversaire; l'avare sort de nos pieux exercices pour aller distribuer de larges aumônes; l'usurier, pour réparer l'injustice; celui que les passions avaient égaré, pour rentrer dans les voies de la sagesse et de la pudeur.

Voilà ce que nous voyons aujourd'hui, mes frères; telle est la puissance de Marie; nous en voyons les effets de nos yeux. Et nous désespérerions de la France, de la société, du monde? Non! jamais. Marie est là qui nous protége; Marie ne nous laissera pas périr.

Est-ce à dire qu'il n'y ait plus aucun sujet de crainte? que nous n'ayons pas encore beaucoup à faire, beaucoup à désirer? Je ne dis pas cela. Le monde n'est pas guéri, mais je prétends qu'il est guérissable, qu'il n'est pas perdu. Il y a du mal, oui, et beaucoup; mais il y a du bien aussi, et beaucoup. Encore donc un peu de zèle, mes frères, et notre persévérance dans le culte de Marie, avec un redoublement de pieuses prières, couronnera notre espérance.

Il existe encore, peut-être, des vieillards, mes frères, qui pourraient légitimement verser des larmes comme les anciens d'Israël à la dédicace du second temple de Jérusalem. À la vue de ce monument superbe [1], qui mérita d'être rangé parmi les merveilles du monde, les jeunes Israélites ne pouvaient contenir la joie dont leur cœur était rempli ; ils n'avaient point assez de chants pour exprimer leur admiration et leur reconnaissance : Qu'il est bon, le Seigneur, s'écriaient-ils en chœur ; qu'il est plein de miséricorde pour Israël ! *Quoniam bonus, quoniam in æternum misericordia ejus super Israel* [2]. Cependant les vieux prêtres, les vieux lévites, les princes et les anciens du peuple, ne pouvaient retenir leurs larmes, et mêlaient leurs sanglots aux chants de l'allégresse publique. Ah ! c'est qu'ils avaient vu le premier temple ; or le temple de Zorobabel n'était point comparable au temple de Salomon [3].

Ainsi, mes frères, si nous évoquions les om-

---

[1] Marc., XIII, 1.
[2] I *Esdr.*, III, 11.
[3] *Ib.*, III, 12, 13.

bres de nos ancêtres, peut-être se lèveraient-
elles pour nous dire : Pleurez au lieu de vous
réjouir, car la foi de vos enfants n'est pas la foi
de vos pères. Vos églises sont relevées, il est
vrai; mais voyez qu'elles ne suffisent pas à
contenir la moitié de la population des villes.
Encore y en a-t-il qui restent presque vides
même au jour que le Seigneur s'est réservé, et
que l'avarice a détourné sans profit, aveuglée
qu'elle fut par l'indifférence religieuse. Cependant vos théâtres sont remplis, on élargit les
monuments de la folie et vos boulevards et vos
places publiques, et tout cela est plein de vie;
tandis que dans le temple du Seigneur règne
un morne silence. Plus de lévites qui offrent
solennellement le sacrifice perpétuel de la
prière publique; vos prêtres ne suffisent pas
aux seuls travaux du saint ministère, et c'est à
peine si, les jours des fêtes principales, ces
voûtes, que nous avons bâties pour qu'elles
retentissent chaque jour des louanges du Seigneur, résonnent du chant des psaumes et des
hymnes sacrées. Que de chrétiens d'ailleurs
qui ne le sont que de nom; combien qui rou-
gissent de le paraître! Eh! ne trouverait-on

pas dans cette capitale des hommes qui ne savent pas même s'ils sont chrétiens?

Ces plaintes sont légitimes, je l'avoue; elles sont bien capables d'arracher des larmes amères. Mais enfin cela doit-il nous empêcher de nous réjouir du bien qui existe aussi, et qui est grand? Puis-je moi-même ne pas reconnaître ce bien, et ne pas en bénir le Seigneur, dans la comparaison qu'il m'est donné de faire de l'état actuel de notre sainte religion avec ce qu'elle était il n'y a pas quinze ans, quand je quittai ma patrie?

Ce n'est pas encore la perfection! Non, sans doute; mais la perfection n'existera jamais sur la terre. Il fut des temps plus heureux que les nôtres, plus chrétiens que les nôtres, c'est réel; mais ils n'étaient pas sans nuages, certainement, ils laissaient beaucoup à désirer. Quoi qu'il en soit, il fut aussi des temps moins heureux que les nôtres, moins chrétiens que les nôtres, nous nous en souvenons; pourquoi donc ne pas se réjouir?

Quoi donc! à l'époque de notre jeunesse, il fallait du courage pour pratiquer publiquement sa foi. Les hommes pieux étaient l'objet des railleries du public, et l'on n'en comptait pas beaucoup. Aujourd'hui voyez cette foule de jeunes gens qui se pressent dans nos cités, que font-ils? où vont-ils? Sans doute, hélas! le grand nombre suit encore aveuglément le torrent des passions; mais enfin il en est aussi, et le nombre en est grand, qui se dirigent vers le temple du Seigneur. Reconnaissez-les aux traits de leur visage, car ils sont plus calmes, plus doux, plus sereins, plus paisibles que les autres.

Au lieu de cette troupe absolument impie, intolérante, cruelle, qui se ruait, il y a vingt ans, sur tout ce qui portait l'empreinte de la foi pratique, la jeunesse de nos jours supporte au moins la vertu à côté d'elle. Nos écoles sont encore loin, sans doute, d'être des modèles de foi; mais au moins peut-on les suivre sans discontinuer de se montrer fervent chrétien. Et de fait, il n'est pas aujourd'hui une école en France, école de droit, école de médecine, école militaire, qui ne renferme des jeunes gens modèles, ne cherchant point à s'effacer pour obéir à leur conscience, et ne rougissant point de se montrer sincèrement pieux. Et ceux qui ne sont point pieux conviennent au moins qu'il est juste que d'autres aient la liberté de l'être.

Et cette foule d'hommes graves et réfléchis, où porte-t-elle ses pas aujourd'hui, le jour du Seigneur? Est-ce qu'au centre de la Cité s'élève une autre bourse ou un nouveau théâtre? Non. Ils ne s'y dirigeraient pas d'ailleurs si nombreux. C'est toujours l'antique métropole, et vous les y voyez entrer. Le littérateur, le philosophe, le poëte, le législateur, le froid politique, le chaleureux improvisateur, les militaires de tout grade se pressent, se confondent pour y entendre annoncer la parole de Dieu. Suivez-les, et vous les verrez attentifs et pleins d'admiration pour cette parole. Et ne croyez pas qu'ils aillent seulement admirer l'orateur de talent qui la prêche; car vous les verrez, le saint jour de Pâques, agenouillés autour de la table sainte, sans qu'ils aient déposé les marques de leurs positions sociales. Vous les y compterez, non plus par centaines, mais par milliers. Qui donc, à cette vue, ne serait pas rempli d'espérance pour la France qui, de nos jours comme autrefois, a son peuple d'élus?

Il serait trop long d'insister sur tant d'autres œuvres de bien dont le germe se développe avec un merveilleux accroissement dans notre France ; mais je ne saurais passer sous silence l'admirable Société de saint Vincent de Paul qui, à l inappréciable avantage de secourir les pauvres, ajoute celui d'habituer les jeunes gens riches et honorables dans le monde à exercer par eux-mêmes les œuvres de miséricorde, à se mettre en contact avec les malheureux.

Ne désespérons donc point de notre patrie, ne désespérons pas du monde. La France lui donne l'exemple, elle l'entraînera dans l'orbite du bien.

Voilà que l'Angleterre se rapproche de plus en plus de nous. Le contact providentiel de nos guerriers catholiques ne peut que favoriser le mouvement religieux qui la fait incliner, depuis quelques années, vers le retour à son antique foi. Ce n'est plus une à une qu'elle compte les conversions, mais par groupes nombreux, tandis que les théologiens les plus distingués rentrent dans le giron de l'Église, et exposent eux-mêmes, dans de savants écrits, les motifs de leur retour. Et voilà que ses universités célèbres contemplent d'un œil mouillé les ravages de trois cents ans d'erreur, et soupirent après l'unité, fatiguées des divisions intestines qui les déchirent. Prions, et peut-être les enfants de vos enfants n'auront pas vu la lumière, que l'antique terre des Saints sera redevenue catholique.

Les régions du Nord contemplent avec crainte (c'est le commencement de la sagesse[1]) ce mouvement catholique. Plus tôt ou plus tard leur intolérance religieuse sera forcée de plier. Et comment le peuple ne se demandera-t-il pas, dès qu'il aura la liberté d'entendre et les moyens de lire, quelle est donc la tige d'où leur système religieux est sorti? quelle époque est celle où on leur ravit la foi de leurs pères?

Si des contrées qui, jusqu'ici, restèrent toujours fidèles et catholiques, semblent prêter le flanc à l'astucieuse hérésie, tout nous fait espérer que ce n'est là qu'une épreuve passagère, utile peut-être dans les desseins de la Providence, pour la correction de quelques abus; mais

----

[1] *Ps.* CX, 10.

que la Foi, qu'elles ont toujours conservée pure, sortira de l'épreuve plus forte et plus brillante.

Le musulman n'est plus féroce; il admire aujourd'hui ces chrétiens contre lesquels il n'avait autrefois que de méprisantes malédictions. Il y a déjà longtemps qu'il s'est trouvé muet devant nos anges de paix, qui ne connaissent ni juifs, ni gentils, ni grecs, ni barbares[1] quand il s'agit de panser la plaie d'un pestiféré, ou de répandre l'aumône dans le sein des pauvres; aujourd'hui c'est la valeur de nos frères qui le ravit; en tout lieu, d'ailleurs, son glaive religieux s'est émoussé; et si les fils du faux prophète sont encore trop fiers pour déposer le croissant orgueilleux, presque partout ils ont plus ou moins adopté quelque chose de la civilisation qu'enfanta l'Évangile; ils souffrent les chrétiens à leurs côtés, ils n'osent plus lever le bras pour leur trancher la tête.

L'Afrique est attaquée par le nord, par le sud, par le flanc; quelques-uns des peuples encore féroces qui habitent les vastes régions du centre

----

[1] *Rom.*, I, 14.

envoient leurs prémices à l'église; le nombre des chrétiens grandit lentement, mais il s'accroît.

L'Amérique nous comble de consolation : l'Église s'y affermit; elle pousse dans le sol de profondes racines; et le zèle de nombreux évêques, parfaitement au courant des besoins de l'époque, nous promet de florissantes églises pour un avenir qui n'est pas loin. Comme en Angleterre, nos frères égarés ouvrent les yeux et commencent à reconnaître que l'Église catholique est la seule Église du Christ. Là, d'ailleurs, ils ont quelquefois poussé le principe protestant jusque dans ses dernières conséquences. De l'absurde ils sont arrivés au ridicule; ils ne sauraient aller plus loin. Ils sont au bout, faut-il bien qu'ils reviennent, et l'Église leur tend les bras.

L'Asie est évangélisée avec plus d'ardeur que jamais. Les schismes y perdent de leur prestige, et le catholicisme s'y fait partout respecter. L'Inde se traîne encore, hélas! mais il ne faudrait qu'un rien pour saper l'antique Bouddhisme, pour ébranler le Brahmanisme inflexible. La Chine porte dans son sein un germe de christianisme qui grandit péniblement, mais qui donne des fruits cachés, en attendant que le jour soit venu d'arracher de dessus la croix le voile qui la couvre. Ainsi, dans la seule année qui vient de s'écouler, et dans une seule province chinoise, plus de cinquante mille enfants ont reçu le baptème à l'article de la mort. Les pays Annamites ont la gloire d'être éprouvés par la plus opiniâtre des persécutions. Plaignons les persécuteurs, mais soyons orgueilleux de nos frères persécutés. Depuis vingt ans le sang chrétien n'a pas cessé de rendre témoignage à la vérité ; les chrétiens du Tong-King et de la Cochinchine ressemblent aux chrétiens du temps des Étienne et des Cyprien; ils peuplent le ciel de martyrs. Les Tartares ne sont pas oubliés. Des prêtres généreux sont à la poursuite de leurs âmes, tantôt au milieu de leurs glaciers, tantôt en les accompagnant eux-mêmes encore nomades à la suite de leurs troupeaux. Les îles de l'Océanie enfin reçoivent avec enthousiasme les enseignements et la civilisation de la foi; on n'y voit presque plus d'anthropophages, et l'Australie voit multiplier ses évêques.

Ainsi la terre est couverte de vrais adorateurs; de tous les points s'élèvent des voix qui bénissent le Seigneur, et des cœurs qui l'aiment. Partout le froment des élus est séparé de la paille et du mauvais grain. Plus que jamais la sainte Église peut se dire catholique par son étendue. Comme du temps de saint Paul, et même avec une sorte d'exactitude plus mathématique qu'à cette époque, nous pouvons nous écrier qu'en tous les lieux sur la terre les apôtres de Jésus-Christ ont apporté la bonne nouvelle. *In omnem terram exivit sonus eorum*[1].

Je sens, mes frères, que je me suis laissé entraîner loin de mon sujet, mais enfin cette masse de bien, qui est loin sans doute d'être sans mélange, mais qui existe, ne la nions pas et laissons-nous aller à l'espérance que la puissance de Marie obtiendra de Dieu les grâces nécessaires pour la faire croître et se perfectionner.

Nous avons vu combien nous sommes fondés à croire que la dévotion à Marie est une des causes principales du retour actuel de la

---

[1] *Rom.*, X, 18.

France à la foi et à la piété de nos ancêtres. Pourquoi cette foi et cette piété ne grandiraient-elles pas, aujourd'hui que cette dévotion se répand davantage et se produit par d'éclatantes manifestations?

Ce n'est plus en secret que la France rend hommage à Marie. Deux mers ont vu son image s'élever triomphante et planer au-dessus de nos flottes chrétiennes. Le canon de la France l'a saluée, et nos frères égarés, et les infidèles qui combattent à nos côtés, se demandaient avec étonnement, mais avec respect : Quelle est donc cette cérémonie qui nous assurera la victoire? Et la victoire, quelles que soient les épreuves qu'aient à surmonter nos guerriers, ne leur manquera pas.

Cependant le monde entier s'ébranle à la voix du Pontife suprême, jaloux de proclamer l'infaillible certitude d'un privilége de Marie cher à tous les cœurs chrétiens [1]. La piété des fidèles a déjà prévenu les décisions du Saint-Siége. Toujours on a cru Marie conçue sans

---

[1] Ce discours était prononcé dans le mois d'octobre 1854, avant la définition dogmatique de l'immaculée conception.

péché, mais on le proclame aujourd'hui avec enthousiasme. On l'affiche en ce moment sur toutes les portes, dans les villes et les bourgades sur lesquelles le Seigneur a permis que l'ange exterminateur planât un instant. On le porte écrit sur son cœur, on le chante avec l'Église, on le répète doucement à la prière du soir ; chacun aime à redire · O Marie, conçue sans péché ! priez pour nous qui avons recours à vous.

Oui, divine Marie, notre amour, notre espérance, nous avons recours à vous. Vous nous avez sauvés contre l'espérance, alors que l'humble prière de quelques fidèles dévots s'élevait seule à vous ; permettrez-vous que votre peuple périsse quand il n'a plus qu'une voix pour vous bénir et vous prier ? Loin de nous cette crainte. Seulement, ô Marie ! ne vous offensez pas de la tiédeur de notre prière, et daignez ne pas entendre les blasphèmes qui sont quelquefois encore proférés hors de la terre de France.

Embrasez vous-même le cœur de vos enfants, pour qu'ils redoublent de zèle et de pur amour, et soyez pleine de compassion pour les tièdes, par égard pour ceux qui vous aiment, et qui vous aiment beaucoup. Continuez enfin, ô Marie! continuez à protéger la France, où tant de cœurs vous sont dévoués; et, par égard pour la France, dont les enfants vont porter votre nom, avec celui de votre adorable Fils, jusqu'aux extrémités de la terre, protégez aussi les nations, afin qu'elles se convertissent, et qu'il n'y ait bientôt plus qu'un seul troupeau, qu'un seul pasteur, à qui soit honneur et gloire dans tous les siècles des siècles[1]. *Amen.*

[1] 1 *Tim.*, I, 17.

NOTE

AU LECTEUR, SUR CE QUI EST DIT PAGE 13, LIGNE 12 ET SUIVANTES.

« Un autre, » etc.

Lorsque je consentis à livrer ces discours au public, je croyais être sur le point de quitter la France. J'espérais que le saint-siége ne tarderait pas à accepter ma démission, plusieurs fois offerte, et que rien ne m'empêcherait enfin de me retirer dans la sainte retraite que je m'étais choisie. Telle n'a pas été la volonté du Seigneur. Eh! puisse-t-elle s'accomplir sur nous, cette volonté sainte, sans que nous y mettions jamais la moindre contradiction! Ma démission sera bientôt acceptée, j'en ai la certitude; mais je dois rester en France. Mon cœur s'en réjouirait, si je ne craignais pas que la présence en

son pays d'un vicaire apostolique démissionnaire
n'offensât votre piété, cher lecteur, et ne refroidît
votre zèle pour l'œuvre admirable, et qui nous sera
toujours si chère, des missions étrangères. Puisse-
t-il ne pas en être ainsi ! J'avais besoin d'ajouter
cette note, afin d'enlever toute contradiction aux
paroles mentionnées, et pour éviter de vous scanda-
liser d'autre part, quand j'ai tâché de vous édifier
par ces discours.

Paris, le 25 mars 1855.

TABLE

PARIS. — TYP. SIMON RAÇON ET C.ᵉ, RUE D'ERFURTH, 1.